Mix
Genuss
ALL-IN-ONE
GERICHTE AUS DEM
THERMOMIX!

INHALT

REZEPTÜBERSICHT

GERICHTE MIT FLEISCH

GERICHTE MIT FISCH

VEGETARISCHE GERICHTE

SÜSSE GERICHTE

TIPPS & TRICKS
RUND UMS GAREN IM VAROMA

HINWEIS TM31

Alle Gerichte wurden von uns im neuen Modell TM5 getestet. Wenn Sie die Gerichte im TM31 zubereiten möchten, beachten Sie bitte Folgendes:

- Statt **120°C** verwenden Sie **Varoma.**
- Statt **Stufe 0.5** stellen Sie **Sanftrührstufe** ein.
- Reduzieren Sie ggf. die Gemüsemenge im Varoma, sollte dieser zu voll sein. IMMER darauf achten, dass ausreichend Schlitze frei sind für den Dampf.

VAROMA BEFÜLLEN

Zum Befüllen legen Sie den Varomadeckel umgekehrt auf die Arbeitsfläche und stellen Sie den Varoma darauf. Nun kann dieser mit dem gewünschten Gargut befüllt werden. Bitte beachten: Das Gargut locker im Varoma verteilen und immer ein paar Schlitze frei lassen, damit der Dampf durchdringen kann. Ist der Varoma sehr voll, können Sie nach der Hälfte der Garzeit das Gargut mit dem Spatel etwas auflockern bzw. umrühren.

SPEISEN WARM HALTEN

Nach Garzeitende wird bei den meisten Rezepten noch eine Soße zubereitet. Damit die Speisen im Varoma warm bleiben und nicht zu stark abkühlen, stellen Sie den **verschlossenen** Varoma auf einen Teller und decken ihn mit einem Geschirrtuch ab. **DEN DECKEL VORHER NICHT ABNEHMEN!** Sonst entweicht zu viel Dampf. Mit Speisen im Gareinsatz (z.B. Kartoffeln) genauso verfahren.

Wenn Fleisch im Varoma gegart wird, sollten Sie es vorher immer etwas würzen. Neben Salz und Pfeffer, eignet sich Paprikapulver sehr gut.
Dies verleiht einen guten Geschmack und eine schöne Farbe nach dem Garen.
Gemüse können Sie mit Kräutersalz oder unserer speziellen Varoma-Gewürzmischung würzen.
Das Rezept hierfür finden Sie auf der hinteren Umschlaginnenseite.

Wenn Sie gerne ein eigenes All-in-One Gericht mit Nudeln als Beilage kochen möchten, sollten Sie 1.600 g Wasser (TM31: nur 1.200 g) mit 1 TL Öl und 1 TL Salz als Garflüssigkeit verwenden. Der Varoma kann nach Belieben befüllt werden. Bei einer Restlaufzeit von ca. 8-12 Min. (je nach Garzeit der Nudeln) stoppen Sie den Thermomix kurz und geben die Nudeln mit ins Wasser. Nudeln dann je nach Sorte **8-12 Min./Varoma/ ⟲ /Stufe 0.5** fertig garen.
Sie können so bis zu 500 g Nudeln mitgaren.

Zum Aufwärmen von Resten mit Dampf ist der Gareinsatz bzw. der Varoma bestens geeignet.
Sie können z.B. die Reste von Nudeln, Kartoffeln, Reis, Frikadellen, Grillfleisch, Bratwürstchen, Gemüse, usw. aufwärmen. Diese einfach in den Gareinsatz oder den Varoma geben (je nach Menge), 500 g Wasser in den Mixtopf füllen und das Ganze **10-15 Min./Varoma/Stufe 1** erhitzen. Egal, was im Dampf erwärmt wird, es schmeckt wie frisch zubereitet.

PESTO-HÄHNCHEN

MIT GNOCCHETTINI

Wer möchte, kann das Fleisch noch mit etwas grünem Pesto bestreichen.

AUCH TOLL MIT ROTEM PESTO!

Pro Portion: 515 kcal | 56 g KH | 36 g EW | 16 g Fett

ZUTATEN

1	rote Paprika
1	Tomate
500 g	Gnocchettini (Kühltheke)
4	Hähnchenbrustfilets (à 125 g)
etwas	Salz & Pfeffer
900 g	Wasser, lauwarm
1 EL	Gemüsebrühpulver
400 g	Zucchini

FÜR DIE SOSSE

450 g	Garflüssigkeit
50 g	grünes Pesto
125 g	Sahne
1 EL	Speisestärke (gehäuft)
1 Msp.	Pfeffer

4 PORT.

30 MIN.

40 MIN.

1. Varoma befüllen: Paprika halbieren und in Streifen schneiden. Tomate in kleine Würfel schneiden. Beides zusammen mit den Gnocchettini unten in den Varoma geben. Hähnchenfleisch in grobe Stücke (s. Bild) schneiden und mit Salz und Pfeffer würzen. Auf den Einlegeboden legen. Wasser und Gemüsebrühpulver in den Mixtopf geben. Varoma aufsetzen und das Ganze **20 Min./Varoma/Stufe 1** garen.

2. In der Zwischenzeit Zucchini der Länge nach halbieren und in dünne Scheiben schneiden. In den Gareinsatz geben. Nach Garzeitende Mixtopf öffnen, Gareinsatz mit Zucchini einsetzen und erneut mit aufgesetztem Varoma **10 Min./Varoma/Stufe 1** fertig garen.

3. Nach Garzeitende Varoma-Inhalt zusammen mit den Zucchini in eine Schüssel geben. Mixtopf leeren, dabei 450 g Garflüssigkeit für die Soße auffangen und wieder zurück in den Mixtopf geben. Restliche Zutaten für die Soße zugeben und **4-5 Min./100°C/Stufe 3** kochen. Soße zum Fleisch, Gnocchetti und Gemüse geben und vermengen. Auf 4 Tellern anrichten.

SCHWEINEFILET

IN MASCARPONE-WEIßWEINSOSSE

Durch das Garen im Bratschlauch wird das Fleisch besonders zart.

Pro Portion: 683 kcal | 50 g KH | 45 g EW | 32 g Fett

ZUTATEN

500-600 g	Schweinefilet, am Stück
etwas	Salz, Pfeffer & Paprikapulver
500 g	Champignons
1	Zwiebel, halbiert
1 EL	Öl
1.600 g	Wasser, lauwarm (TM31: 1.200 g)
2 TL	Salz
250 g	Mini-Hörnchennudeln (Kochzeit 6 Min., z.B. von Barilla)
1 TL	Öl

Außerdem: Bratschlauch

FÜR DIE SOSSE

250 g	Garflüssigkeit
250 g	Mascarpone
40 g	Weißwein*
1 TL	Gemüsebrühpulver
½ TL	Pfeffer
½ TL	Salz
1 Handvoll	Petersilie, grob gehackt
1 TL	Tomatenmark
1 Prise	Zucker

alkoholfreie Variante:
40 g Garflüssigkeit

4 PORT.

30 MIN.

40 MIN.

1. Varoma befüllen: Schweinefilet mit Salz, Pfeffer und Paprikapulver würzen und etwas einreiben. Danach halbieren, sodass man 2 Stücke erhält. Jedes Filetstück in einen Bratschlauch einwickeln und nebeneinander auf den Einlegeboden legen. Champignons vierteln oder achteln und unten in den Varoma geben. Varoma verschließen und beiseitestellen.

2. Zwiebel in den Mixtopf geben, **5 Sek./Stufe 5** zerkleinern und mit dem Spatel nach unten schieben. 1 EL Öl zugeben und **2 Min./120°C/Stufe 1** dünsten. Wasser und Salz zugeben. Mixtopfdeckel auflegen, Varoma aufsetzen und alles **20 Min./Varoma/Stufe 1** garen.

3. Nach Garzeitende Varoma kurz abnehmen und die Nudeln durch das Deckelloch in den Mixtopf zugeben. 1 TL Öl zugeben und Varoma wieder aufsetzen. Weitere **10 Min./Varoma/ ↺ /Stufe 0.5** fertig garen.

4. Nach Garzeitende Nudeln absieben, dabei 250 g Garflüssigkeit auffangen und wieder zurück in den Mixtopf geben. Restliche Zutaten für die Soße zugeben und **4 Min./100°C/Stufe 3** aufkochen. Champignons mit der Soße vermengen. Filet in Scheiben schneiden und alles zusammen servieren.

SCHINKEN SCHNITZEL

IN PAPRIKARAHM

Mit Speck umwickelt wird dieses Schnitzel besonders aromatisch und saftig! Aber Achtung: Die Holzspieße vor dem Servieren wieder entfernen.

Pro Portion: 605 kcal | 44 g KH | 49 g EW | 24 g Fett

ZUTATEN

4	Putenschnitzel (à 125 g)
etwas	Pfeffer
8 Scheiben	Parmaschinken
250 g	Brokkoli
1.200 g	Wasser, lauwarm (TM31: 1.000 g)
1 EL	Gemüsebrühpulver
400 g	Tagliatelle (Kühltheke)
1 EL	Öl

FÜR DIE SOSSE

300 g	Garflüssigkeit
100 g	Milch, 1,5%
150 g	Crème fraîche
50 g	Ajvar, mild
150 g	geröstete Paprika (aus dem Glas)
1 TL	Zitronensaft
1 TL	ital. Kräuter, getr.
1 EL	Speisestärke
etwas	Salz & Pfeffer

Außerdem: Holzspieße

4 PORT.

25 MIN.

35 MIN.

1. Varoma befüllen: Schnitzel halbieren und mit etwas Pfeffer würzen. Mit Schinken umwickeln und mit Holzspießen fixieren. Brokkoli in kleine Röschen teilen. Beides im Varoma und auf dem Einlegeboden verteilen (s. Bild). Varoma verschließen und beiseitestellen.

2. Wasser und Gemüsebrühpulver in den Mixtopf geben, Varoma aufsetzen und alles zusammen **20 Min./Varoma/Stufe 1** garen. Dann Tagliatelle und Öl mit in den Mixtopf geben und alles zusammen weitere **5 Min./Varoma/ ⟲ /Sanftrührstufe** fertig garen.

3. Nach Garzeitende, Varoma warm halten, Mixtopf leeren und dabei 300 g Garflüssigkeit für die Soße auffangen. Diese wieder in den Mixtopf geben. Restliche Zutaten für die Soße zugeben und **15 Sek./Stufe 10** pürieren. Dann **4 Min./80°C/Stufe 3** aufkochen. Alles zusammen servieren.

GRIECHISCHE ROULADEN

MIT KARTOFFELN

ROULADEN MAL ANDERS

Diese Art der saftigen Fleischröllchen lässt die Herzen höher schlagen. Mit Feta und Paprika gefüllt, sorgt dieses Gericht für mediterranen Flair auf dem Teller!

Pro Portion: 682 kcal | 45,5 g KH | 54 g EW | 24 g Fett

FÜR DIE ROULADEN

4	Rinderrouladen
etwas	Salz & Pfeffer
1	rote Paprika
4	Frühlingszwiebeln
1	Knoblauchzehe
80 g	Senf, mittelscharf
1 TL	Kräuter der Provence, getr.
75 g	Feta

Außerdem: Holzspieße

alkoholfreie Variante:
100 g roten Traubensaft und 150 g flüssige Gemüsebrühe

4 PORT.

90 MIN.

105 MIN.

WEITERE ZUTATEN

65 g	Karotten
75 g	Knollensellerie
100 g	rote Zwiebel
1 EL	Öl
1.350 g	Wasser, lauwarm (TM31: 1.250 g)
250 g	Rotwein* (TM31: 150 g)
2 EL	Gemüsebrühpulver
700 g	Kartoffeln, vorwiegend festkochend
150 g	Crème fraîche
40 g	Tomatemark
1 EL	Speisestärke
etwas	Pfeffer

1. Rouladen mit Salz und Pfeffer würzen. Paprika in kleine Streifen schneiden. Frühlingszwiebeln in Ringe schneiden. Knoblauch in den Mixtopf geben und **5 Sek./Stufe 8** zerkleinern. Senf und Kräuter der Provence zugeben und **3 Sek./Stufe 3** vermengen. Senfcreme auf die Rouladen streichen und mit Paprika und Frühlingszwiebeln belegen. Feta mit den Händen darüber bröseln und die Rouladen aufrollen. Mit Holzspieße fixieren und in den Varoma legen.

2. Karotten, Sellerie und Zwiebel in Stücken in den Mixtopf geben und **5 Sek./Stufe 5** zerkleinern. Mit dem Spatel nach unten schieben, Öl zugeben und **2 Min./120°C/Stufe 1** dünsten. Wasser, Rotwein und Gemüsebrühpulver zugeben. Mixtopfdeckel auflegen, Varoma aufsetzen und das Ganze **65 Min./Varoma/Stufe 1** garen. In der Zwischenzeit Kartoffeln schälen und in mundgerechte Stücke schneiden. Kartoffelwürfel in den Gareinsatz geben.

3. Nach Garzeitende den Gareinsatz mit den Kartoffeln einsetzen. Mixtopfdeckel auflegen und Varoma wieder aufsetzen und alles zusammen weitere **25 Min./Varoma/Stufe 1** garen. Varoma abnehmen und warm halten. Gareinsatz mit Kartoffeln herausnehmen und beiseitestellen. Mixtopf leeren, dabei 600 g Garflüssigkeit auffangen und wieder in den Mixtopf geben.

4. Restliche Zutaten zugeben, **20 Sek./Stufe 8** pürieren und **4 Min./90°C/Stufe 3** aufkochen. Soße und Rouladen in eine Servierschüssel geben und 5 Min. ziehen lassen. Zusammen mit den Kartoffeln servieren.

GULASCH

MIT SEMMELKNÖDELN

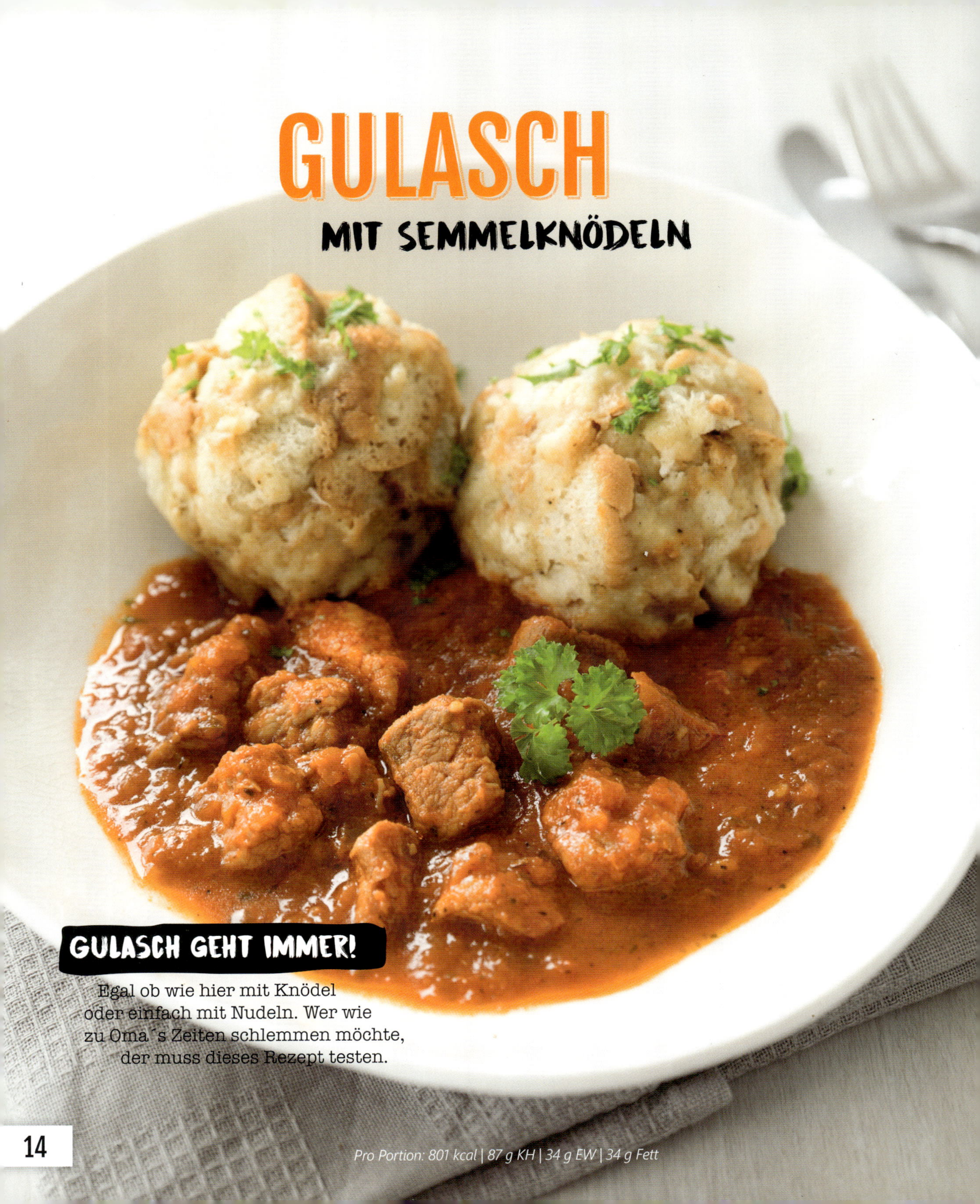

GULASCH GEHT IMMER!

Egal ob wie hier mit Knödel oder einfach mit Nudeln. Wer wie zu Oma´s Zeiten schlemmen möchte, der muss dieses Rezept testen.

Pro Portion: 801 kcal | 87 g KH | 34 g EW | 34 g Fett

FÜR DIE KNÖDEL

500 g	Brötchen, altbacken
120 g	Zwiebeln, halbiert
1 Handvoll Petersilie	
25 g	Butter
250 g	Milch, 1,5%
3	Eier
1 TL	Salz
½ TL	Pfeffer
¼ TL	Muskat, gem.

4 PORT.

35 MIN.

50 MIN.

FÜR DAS GULASCH

500 g	Schweinegulasch
20 g	Sojasauce
½ TL	Pfeffer
160 g	Zwiebeln, halbiert
1	Knoblauchzehe
25 g	Öl
600 g	Wasser, lauwarm
1 EL	Gemüsebrühpulver
1 TL	Paprikapulver, edelsüß
2 TL	ital. Kräuter, getr.
70 g	Tomatenmark

1. Altbackene Brötchen in Scheiben schneiden und in eine große Schüssel geben. Zwiebeln und Petersilie in den Mixtopf geben, **5 Sek./Stufe 5** zerkleinern und mit dem Spatel nach unten schieben. Butter zugeben und **3 Min./100°C/Stufe 1** dünsten. Milch zugeben und **1 Min./50°C/Stufe 1** erwärmen. Eier und Gewürze zugeben und **10 Sek./Stufe 3** vermengen. Mischung über die Brötchen in die Schüssel füllen und von Hand gut verkneten. 10 Min. quellen lassen. Währenddessen Gulasch in einer Schüssel mit Sojasauce und Pfeffer 10 Min. marinieren lassen.

2. Zwiebeln und Knoblauch in den Mixtopf geben, **5 Sek./Stufe 5** zerkleinern und mit dem Spatel nach unten schieben. Öl zugeben und **3 Min./120°C/Stufe 1** dünsten.

3. Knödelmasse zu 8-10 Knödeln formen und im Varoma und auf dem Einlegeboden verteilen. Mariniertes Fleisch, Wasser und restliche Zutaten für das Gulasch in den Mixtopf geben. Mixtopfdeckel auflegen, Varoma aufsetzen und das Ganze **35 Min./Varoma/ ⟲ /Sanftrührstufe** garen.

4. Fertiges Gulasch zusammen mit den Semmelknödeln servieren.

ZWIEBEL-SAHNE HÄHNCHEN

MIT SPÄTZLE

DA SCHWÄRMT JEDER!

Cremig, zart und ganz viel Mmmmhhhh...
Mehr muss man gar nicht sagen!
Probieren Sie selbst und erleben Sie das WOW!

Pro Portion: 623 kcal | 52 g KH | 43 g EW | 31 g Fett

ZUTATEN

500 g Hähnchenbrust-Innenfilets
etwas Salz, Pfeffer & Paprikapulver, edelsüß
1 gr. Gemüsezwiebel
500 g Spätzle (Kühltheke)

FÜR DIE SOSSE

1 Knoblauchzehe
1 Zwiebel, halbiert
1 Handvoll Röstzwiebeln
1 EL Öl
500 g Wasser, lauwarm
30 g Weißwein*
50 g Tomatenmark
1 TL Paprikapulver, edelsüß
1 TL Gemüsebrühpulver
1 TL Salz (gestrichen)
½ TL Pfeffer
1 TL Senf, mittelscharf

200 g Sahne
100 g Sahneschmelzkäse
1 EL Speisestärke mit 2 EL Wasser angerührt

alkoholfreie Variante:
flüssige Gemüsebrühe

4 PORT.

25 MIN.

35 MIN.

1. Varoma befüllen: Hähnchenfilets mit Salz, Pfeffer und etwas Paprikapulver würzen und in den Varoma geben. Zwiebel halbieren, und in feine Ringe hobeln und auf das Fleisch geben. Spätzle etwas auflockern. Eine Hälfte unten in den Varoma geben und die zweite Hälfte auf den Einlegeboden. Varoma verschließen und beiseite stellen.

2. Knoblauch, Zwiebel und Röstzwiebeln in den Mixtopf geben, **5 Sek./Stufe 5** zerkleinern und mit dem Spatel vom Mixtopfrand nach unten schieben. Öl zugeben und **3 Min./120°C/Stufe 1** dünsten. Wasser, Weißwein, Tomatenmark und Gewürze zugeben. Mixtopfdeckel auflegen, Varoma aufsetzen und alles zusammen **25 Min./Varoma/Stufe 2** garen.

3. Nach Ende der Garzeit Varoma zur Seite stellen. Sahne, Schmelzkäse und Stärkegemisch in den Mixtopf zugeben und **3 Min./80°C/Stufe 3** erhitzen. Alles zusammen servieren.

SPARGEL-HÄHNCHEN-TOPF

MIT REIS

MIT CREMIGER SOSSE!

ES GIBT REIS BABY!

Hähnchen, Gemüse und Reis. Auf den ersten Blick sehr einfach. ABER: Die Soße macht´s! Mit einem Hauch Curry, Knoblauch und Tomatenmark wird dieses Gericht zum Familienhit!

Pro Portion: 514 kcal | 56 g KH | 32 g EW | 17 g Fett

ZUTATEN

400 g	Hähnchenbrustfilets
etwas	Salz, Pfeffer und Currypulver
150 g	Champignons
180 g	Karotten
80 g	Erbsen, TK
400 g	Spargel
200 g	Langkornreis, parboiled
1 EL	Gemüsebrühpulver
1.200 g	Wasser, lauwarm (TM31: 1.000 g)

4
PORT.

30 MIN.

45 MIN.

FÜR DIE SOSSE

1	kl. Zwiebel, halbiert (40-50 g)
1	Knoblauchzehe
25 g	Butter
20 g	Mehl
125 g	Milch, 1,5%
125 g	Sahne
10 g	Tomatenmark
1 Prise	Zucker
½ TL	Salz
½ TL	Currypulver
120 g	Garflüssigkeit

1. Varoma befüllen: Hähnchenbrust in Streifen schneiden, mit Salz, Pfeffer und Currypulver würzen und auf den Einlegeboden geben. Champignons und Karotten in Scheiben schneiden und zusammen mit den Erbsen in den Varoma geben. Spargel schälen und die holzigen Enden abschneiden. In ca. 4-5 cm lange Stücke schneiden und ebenfalls in den Varoma geben. Varoma verschließen und beiseitestellen.

2. Gareinsatz einsetzen und Reis einwiegen. Gemüsebrühpulver darüber geben und mit Wasser übergießen. Mixtopfdeckel auflegen, Varoma aufsetzen und alles zusammen **30 Min./Varoma/Stufe 1** garen.

3. Nach Ende der Garzeit Varoma und Reis warm halten. Mixtopf leeren und dabei 120 g der Garflüssigkeit für die Soße auffangen. Zwiebel und Knoblauch im Mixtopf **5 Sek./Stufe 5** zerkleinern und mit dem Spatel vom Mixtopfrand nach unten schieben. Butter zugeben und **2 Min./100°C/Stufe 1** dünsten. Mehl zugeben und erneut **2 Min./100°C/Stufe 1** anschwitzen. Restliche Zutaten für die Soße zugeben und **5 Min./100°C/Stufe 4** aufkochen. Alles zusammen servieren.

BRATWURST-BÄLLCHEN

MIT ZUCCHINI UND KARTOFFELN

GIB MIR DIE KUGEL

Wer sagt denn, dass eine Bratwurst lang sein muss? Hier servieren wir Bratwurstkugeln vom Feinsten. Ok, sie sind vielleicht ein bisschen blass, aber sie schmecken hervorragend!

Pro Portion: 623 kcal | 39g KH | 30g EW | 37 g Fett

ZUTATEN

1 Handvoll Petersilie	
700 g	Wasser, lauwarm
1 EL	Gemüsebrühpulver
700 g	Kartoffeln
550 g	grobe Bratwürste
600 g	Zucchini

4 PORT.

30 MIN.

40 MIN.

FÜR DIE SOSSE

400 g	Garflüssigkeit
100 g	Sahne
30 g	Mehl
1 TL	Senf, mittelscharf
½ TL	Paprikapulver, rosenscharf
½ TL	Salz
¼ TL	Pfeffer
1 Prise	Muskat, gem.

1. Petersilie in den Mixtopf geben und **5 Sek./Stufe 8** zerkleinern. Umfüllen.

2. Wasser und Gemüsebrühpulver in den Mixtopf füllen. Kartoffeln schälen und in den Gareinsatz geben. Gareinsatz in den Mixtopf einsetzen.

3. Haut der Bratwürste aufschneiden, abziehen und aus der Hackmasse kleine Bällchen formen. Zucchini in ca. 1 cm breite Scheiben schneiden. Beides im Varoma und auf dem Einlegeboden verteilen. Mixtopfdeckel auflegen, Varoma aufsetzen und alles **ca. 25-30 Min./Varoma/Stufe 1** garen.

4. Nach Garzeitende Varoma und die Kartoffeln zur Seite stellen. 400 g Garflüssigkeit im Mixtopf lassen. Restliche Zutaten für die Soße zugeben, **10 Sek./Stufe 5** verrühren. Dann **3 Min/100°/Stufe 4** kurz aufkochen lassen.

5. Zerkleinerte Petersilie durch die Deckelöffnung zugeben und **5 Sek./Stufe 4** unterrühren. Die Soße zu den Zucchini und den Bratwurstbällchen in eine Schüssel geben und die Kartoffeln dazu servieren.

GULASCHTOPF

FIESTA MEXICANA

¡HOLA AMIGOS!

Dieses pikante Chili-Gulasch sorgt für ordentlich Feuer unterm Hintern. Für den Extra-Kick sorgt Limettensaft! Eine tolle Kombi die man probiert haben muss.

MIT FRISCHEM **LIMETTENSAFT** VERFEINERN!

Pro Portion: 435 kcal | 39 g KH | 20 g EW | 20 g Fett

4
PORT.

60 MIN.

ZUTATEN

100 g	Zwiebel, halbiert
2	Knoblauchzehen
1	rote Chilischote, entkernt
20 g	Öl
500 g	Schweinegulasch
1 TL	Salz
½ TL	Pfeffer
½ TL	Zucker
1 TL	Oregano, gerebelt
1 TL	Kreuzkümmel
60 g	Tomatenmark
1 Dose	stückige Tomaten (400 g)
370 g	Wasser, lauwarm
½ Bund	Radieschen
4	Frühlingszwiebeln
1	Limette
1 Dose	Mais (Abtr.gew. 285 g)
1 Dose	Kidneybohnen (Abtr.gew. 250 g)
1 EL	Speisestärke mit 2 EL Wasser angerührt

1. Zwiebel, Knoblauch und Chilischote in den Mixtopf geben und **5 Sek./Stufe 5** zerkleinern. Mit dem Spatel vom Mixtopfrand nach unten schieben. Öl zugeben und **3 Min./120°C/Stufe 1** dünsten.

2. Gulasch, Gewürze, 20 g Tomatenmark, stückige Tomaten und Wasser zugeben und **50 Min./90°C/ ↺ /Sanftrührstufe** garen. In der Zwischenzeit Radieschen und Frühlingzwiebeln in Würfel/Ringe schneiden. Limette vierteln.

3. Mais, Bohnen, 40 g Tomatenmark sowie Speisestärke-Gemisch zugeben und **3 Min./90°C/ ↺ /Stufe 1** erhitzen.

4. Gulasch mit Radieschenwürfel und Frühlingzwiebeln garniert servieren. Dazu reichen Sie Limettenspalten, so kann jeder nach eigenem Geschmack mit Limettensaft abschmecken.

FRUCHTIGER PUTENTOPF

MIT REIS

LECKERE KOMBI:

Wer jetzt denkt Mandarinen mit Pilzen zur Pute geht ja gar nicht, der irrt sich. Diese Kombi sorgt für den AHA-Effekt auf dem Teller.

Pro Portion: 543 kcal | 51 g KH | 40 g EW | 20 g Fett

ZUTATEN

500 g Putenfleisch
etwas Salz, Pfeffer und Currypulver
200 g Champignons
1 Dose Mandarin-Orangen (Abtr.gew. 175 g)
200 g Basmatireis
1 EL Gemüsebrühpulver
1.200 g Wasser, lauwarm (TM31: 1.000 g)

FÜR DIE SOSSE

50 g Garflüssigkeit
200 g Schmand
30 g Sahneschmelzkäse
50 g Sahne
½ TL Paprikapulver, edelsüß
1 TL Gemüsebrühpulver
1 TL Currypulver

4 PORT.

23 MIN.

30 MIN.

1. Varoma befüllen: Putenfleisch in Streifen schneiden, mit Salz, Pfeffer und etwas Currypulver würzen und in den Varoma geben. Champignons in Scheiben schneiden und darauf verteilen. Mandarinen gut abtropfen lassen und auf den Einlegeboden geben. Varoma verschließen und beiseitestellen.

2. Gareinsatz einsetzen und Reis einwiegen. Gemüsebrühpulver darüber geben und mit Wasser übergießen. Mixtopfdeckel auflegen, Varoma aufsetzen und **23 Min./Varoma/Stufe 2** garen.

3. Nach Ende der Garzeit Mixtopf leeren und dabei 50 g der Garflüssigkeit auffangen. Diese wieder zurück in den Mixtopf geben. Zutaten für die Soße zugeben und **2 Min./80°C/Stufe 1** erhitzen.

4. Fleisch, Champignons und Mandarinen in eine Schüssel geben und mit der Soße vermengen. Auf 4 Tellern anrichten und mit Reis servieren.

BIERFLEISCH

MIT SERVIETTEN-BREZEN-KNÖDEL

DEFTIG SCHLEMMEN!

Warum Bier immer nur trinken? Hier wird zartes Rindergulasch mit dunklem Bier im Mixtopf gegart und sorgt für malzigen Geschmack!

LECKER DAZU: EIN GEMISCHTER SALAT!

Pro Portion: 847 kcal | 87 g KH | 60 g EW | 28 g Fett

FÜR DIE KNÖDEL

500 g Laugenbrezel, altbacken
100 g Zwiebeln, halbiert
25 g Butter
250 g Milch, 1,5%
3 Eier
1 Handvoll Petersilie, gehackt
1 TL Salz
½ TL Pfeffer
¼ TL Muskat, gem.

4 PORT.

65 MIN.

75 MIN.

FÜR DAS GULASCH

2 Zwiebeln, halbiert
1 Knoblauchzehe
20 g Öl
750 g Rindergulasch
400 g Wasser, lauwarm
1 Flasche dunkles Bier (0,33 L)
1 EL Tomatenmark
1 TL Salz
¼ TL Pfeffer
1 TL Paprikapulver, edelsüß

WEITERE ZUTATEN

Bratschlauch
2 Karotten
etwas Petersilie

1. Altbackene Brezel in Scheiben schneiden und in eine große Schüssel geben. Zwiebeln im Mixtopf **5 Sek./Stufe 5** zerkleinern. Mithilfe des Spatels vom Mixtopfrand nach unten schieben. Butter zugeben und **3 Min./120°C/Stufe 1** dünsten. Milch zugeben und **1 Min./50°C/Stufe 1** erwärmen. Restliche Knödel-Zutaten zugeben und **10 Sek./Stufe 3** vermengen. Mischung über die Brezel in die Schüssel geben und von Hand gut verkneten. Etwas quellen lassen.

2. Zwiebeln und Knoblauch in den Mixtopf geben, **5 Sek./Stufe 5** zerkleinern und mit dem Spatel nach unten schieben. Öl zugeben und **3 Min./120°C/Stufe 1** dünsten. Fleisch und restliche Zutaten für das Gulasch zugeben und das Ganze **35 Min./Varoma/ ⟲ /Sanftrührstufe** garen.

3. In der Zwischenzeit die Knödelmasse in 2 Portionen teilen und zu Rollen formen. Diese in einen Bratschlauch einrollen und nebeneinander auf den Einlegeboden legen. Karotten der Länge nach halbieren und in Scheiben schneiden. Unten im Varoma verteilen.

4. Nach den 35 Min. Garzeit den Varoma aufsetzen und alles zusammen weitere **30 Min./Varoma/ ⟲ /Sanftrührstufe** fertig garen. Brezelknödel in Scheiben schneiden und Karotten unter das Bierfleisch mischen. Fleisch nochmal mit Salz, Pfeffer und Paprikapulver abschmecken und alles zusammen mit frisch gehackter Petersilie bestreut servieren.

KASSLER MIT KRAUT

UND KARTOFFELBREI

DEUTSCHE HAUSMANNSKOST

... wie bei Muttern. Der Rezeptklassiker ist ideal für kalte Tage. Da wird einem warm ums Herz!

Pro Portion: 373 kcal | 40 g KH | 17 g EW | 14 g Fett

ZUTATEN

700 g	Kartoffeln, mehlig kochend
600 g	Wasser, lauwarm
1 TL	Gemüsebrühpulver
1-2 Btl.	Sauerkraut (500-1.000 g)
1	Apfel, entkernt, in Stücken
1 TL	Kümmel
4 Scheiben Kassler, gegart	
200 g	Milch, 1,5%
30 g	Butter
etwas	Salz & Muskat, gem.

4 PORT.

30 MIN.

35 MIN.

TIPP FÜR VARIANTE:

Anstelle von Sauerkraut können Sie auch 500 g Rosenkohl dazu servieren. Rosenkohl putzen und am Stiel ein Kreuz einschneiden. In den Varoma geben und Kassler auf den Einlegeboden geben. Dazu passt die Senfhollandaise von Seite 79!

1. Kartoffeln schälen, klein würfeln und in den Gareinsatz geben. Wasser und Gemüsebrühpulver in den Mixtopf geben und den Gareinsatz einsetzen. Mixtopfdeckel auflegen. Sauerkraut in den Varoma geben und mit einer Gabel etwas auflockern. Apfel und Kümmel untermischen. 4 Scheiben Kassler auf das Sauerkraut legen, Varoma verschließen und aufsetzen. Alles **30 Min./Varoma/Stufe 1** garen.

2. Nach Ende der Garzeit das Sauerkraut und Kassler in eine Schüssel füllen und komplette Garflüssigkeit aus dem Mixtopf dazugeben. Die Kartoffeln zur Seite stellen.

3. Milch, Butter, Salz und Muskat in den Mixtopf geben und **2 Min/80°C/Stufe 1-2** erwärmen. Die Kartoffelwürfel zugeben und **15 Sek./Stufe 4** zu einem lockeren Brei verarbeiten. Den Kartoffelbrei zu Sauerkraut und Kassler servieren.

BAUERNSPIESSE

MIT CURRY-SPECK-SOSSE

UNSER TITELREZEPT!

WER BRAUCHT SCHON BRATKARTOFFELN?

Die Kartoffelnscheiben aus dem Gareinsatz werden vor dem Servieren noch mit Salz, Pfeffer und Paprikapulver kräftig gewürzt. Der ideale Begleiter zu den pikant würzigen Fleischspießchen. Ein rundum gelungenes Gericht nach einem anstrengenden Arbeitstag.

Pro Portion: 698 kcal | 47 g KH | 57 g EW | 30 g Fett

4 PORT.

28 MIN.

35 MIN.

ZUTATEN

1-2	rote Zwiebeln
300 g	Hähnchenbrustfilet
350 g	Schweinefilet
12 Scheiben Bacon (ca. 185 g)	
12	kl. Holzspieße
700 g	Wasser, lauwarm
1 EL	Gemüsebrühpulver
600 g	Kartoffeln

FÜR DIE MARINADE

4 EL	Ketchup
2 EL	Öl
2 TL	Paprikapulver, edelsüß
2 TL	Salz
1 TL	Pfeffer

FÜR DIE SOSSE

90 g	Zwiebel, halbiert
100 g	Speckwürfel
1 TL	Öl
400 g	Garflüssigkeit
170 g	Ketchup
40 g	Tomatenmark
1 EL	Currypulver
1 EL	Speisestärke
etwas	Salz & Pfeffer

1. Rote Zwiebeln vierteln. Zusammen mit dem Fleisch in mundgerechte Stücke schneiden. Nun Zwiebel und Fleisch im Wechsel mit dem Bacon auf Holzspieße stecken. Zutaten für die Marinade in einer Tasse verrühren und die Spieße damit einstreichen. Im Varoma und auf dem Einlegeboden verteilen.

2. Wasser und Gemüsebrühpulver in den Mixtopf geben. Kartoffeln schälen, in Scheiben schneiden und in den Gareinsatz geben und einsetzen. Mixtopfdeckel auflegen, Varoma aufsetzen und **26-28 Min./Varoma/Stufe 1** garen.

3. Nach Garzeitende Fleischspieße und Kartoffeln warm halten. Mixtopf leeren, dabei 400 g der Garflüssigkeit auffangen. Nun die Soße zubereiten. Zwiebel im Mixtopf **5 Sek./Stufe 5** zerkleinern. Speckwürfel und Öl zugeben und **2 Min./120°C/Stufe 1** dünsten. Garflüssigkeit und restliche Zutaten für die Soße zugeben und **5 Min./90°C/Stufe 3** kochen. Kartoffelscheiben mit Salz, Pfeffer und etwas Paprikapulver würzen und alles zusammen servieren.

HÄHNCHENTOPF

MIT SCHUPFNUDELN UND PAPRIKA

DAS SIEHT ABER TOLL AUS!

Und es schmeckt wie es aussieht. Cremig, pikant und würzig vereinen sich hier Schupfnudeln mit Gemüse und Fleisch. Einfach traumhaft.

Pro Portion: 474 kcal | 54 g KH | 34 g EW | 11 g Fett

ZUTATEN

500 g	Schupfnudeln (Kühltheke)
3	Paprika, Farbe nach Wahl
500 g	Hähnchenbrustfilet
etwas	Salz, Pfeffer & Paprikapulver, edelsüß
70 g	Zwiebel, halbiert
10 g	Öl
500 g	passierte Tomaten
400 g	Wasser, lauwarm

FÜR DIE SOSSE

1 EL	Speisestärke
40 g	Ajvar, mild
50 g	Crème fraîche
1 TL	Gemüsebrühpulver
½ TL	Salz
½ TL	Pfeffer
1 TL	ital. Kräuter, getr.

VEGGIE TIPP:

Diese Gericht kann auch wunderbar vegetarisch zubereitet werden. Statt 500 g Hähnchen nehmen Sie 500 g gemischtes Gemüse nach Belieben.

4 PORT.

25 MIN.

35 MIN.

1. Schupfnudeln in den Varoma geben. Paprika in Streifen schneiden und darauf verteilen. Darauf achten, dass in der Mitte ausreichend Schlitze frei bleiben! Fleisch in kleine Stücke schneiden, mit Salz, Pfeffer und etwas Paprikapulver würzen. Fleisch auf dem Einlegeboden verteilen und in den Varoma einsetzen. Varoma verschließen und zur Seite stellen.

2. Zwiebel in den Mixtopf geben und **5 Sek./Stufe 5** zerkleinern. Öl zugeben und **3 Min./120°C/Stufe 1** dünsten. Passierte Tomaten und Wasser zugeben. Mixtopfdeckel auflegen, Varoma aufsetzen und das Ganze nun **25 Min./Varoma/Stufe 1** garen.

3. Nach Ende der Garzeit Schupfnudeln, Paprika und Fleisch in eine Schüssel geben. 600 g Garflüssigkeit auffangen und wieder in den Mixtopf geben.

4. Restliche Soßenzutaten zugeben und **10 Sek./Stufe 5** verrühren und **4 Min/100°C/Stufe 2** aufkochen. Soße zu Fleisch und Schupfnudeln in die Schüssel gießen, vermengen und servieren.

ZITRONEN-KNOBLAUCH HÄHNCHEN

MIT KARTOFFELN

SOßE? FEHLANZEIGE!

Wer hier die Soße sucht, wird sie nicht finden. Macht aber nix. Durch die Zitronen-Knoblauch-Marinade wird das Fleisch super saftig und Soße ist hier überflüssig.

Pro Portion: 358 kcal | 27 g KH | 40 g EW | 9 g Fett

FÜR DIE MARINADE

3 Knoblauchzehen
3 Zweige Rosmarin, Nadeln davon
40 g getrocknete Tomaten, ohne Öl
100 g Wasser
2 EL Olivenöl
3 EL Zitronensaft, frisch gepresst
1 TL Gemüsebrühpulver
1 TL Salz
½ TL Pfeffer

AUSSERDEM

600 g Hähnchenbrustfilet
1 rote Paprika (150 g)
1 Zucchini (300 g)
1 rote Zwiebel (110 g)
4 Kartoffeln (400 g)
800 g Wasser, lauwarm
1 EL Gemüsebrühpulver

4 PORT.

25 MIN.

35 MIN.

1. Zuerst die Marinade herstellen: Knoblauchzehen, Rosmarinnadeln und getrocknete Tomaten im Mixtopf **6 Sek./Stufe 10** zerkleinern. Restliche Zutaten für die Marinade zugeben und **5 Sek./Stufe 6** mixen. In eine größere Schüssel füllen.

2. Hähnchenbrust in Würfel schneiden. Gemüse und Zwiebel in Streifen/Scheiben schneiden. Alles zur Marinade in die Schüssel geben, vermengen und etwas ziehen lassen. In der Zwischenzeit Kartoffeln schälen und klein würfeln. In den Gareinsatz geben.

3. Wasser und Gemüsebrühpulver in den Mixtopf geben, Gareinsatz mit Kartoffeln einsetzen. Mixtopfdeckel auflegen. Nun das Fleisch und Gemüse aus der Marinade nehmen und im Varoma und auf dem Einlegeboden verteilen. Varoma aufsetzen und alles zusammen **25 Min./Varoma/Stufe 1** garen.

WIRD MIT TZATZIKI SERVIERT!

VAROMA-GYROS

MIT KRITHARAKI-NUDELN

KRITHARAKI?

Die kleinen Reisnudeln passen ideal zu unserem Gyros aus dem Varoma. Oder lieber Reis? Kein Problem! Sie können statt Kritharaki auch einfach Reis nehmen. Bei Schritt 3 dann zuerst Gareinsatz einsetzen, Reis einwiegen und mit Wasser, Öl und Brühpulver übergießen. Das Ganze 25-30 Min./Varoma/Stufe 1 garen. Punkt 4 entfällt.

Pro Portion: 699 kcal | 48 g KH | 46 g EW | 37 g Fett

FÜR DAS TZATZIKI

1 Handvoll	Petersilie
1	Knoblauchzehe
½	Salatgurke, entkernt
170 g	griechischer Joghurt
100 g	Quark, 20%
etwas	Salz & Pfeffer
1 EL	Olivenöl

AUSSERDEM

200 g	Feta
500 g	Gyrosfleisch
250 g	Cocktailtomaten
300 g	Zucchini
1.200 g	Wasser, lauwarm (TM31: 900 g)
1 EL	Öl
1 TL	Gemüsebrühpulver
200 g	Kritharaki-Nudeln (Reisnudeln, 10 Min. Kochzeit)

4 PORT.

30 MIN.

35 MIN.

1. Zuerst das Tzatziki zubereiten: Petersilie und Knoblauch im Mixtopf **5 Sek./Stufe 6** zerkleinern. Restliche Zutaten zugeben und **4 Sek./Stufe 4** vermengen. Kalt stellen. Mixtopf spülen.

2. Feta in Würfel schneiden und zusammen mit dem Gyrosfleisch auf dem Einlegeboden verteilen. Fleisch nicht aufeinanderlegen, damit es gleichmäßig durchgart. Cocktailtomaten halbieren. Zucchini der Länge nach halbieren und in 1 cm dicke Scheiben schneiden. Gemüse unten in den Varoma geben. Bitte darauf achten, dass ausreichend Schlitze in der Mitte frei bleiben. Einlegeboden einsetzen.

3. Wasser, Öl und Gemüsebrühpulver in den Mixtopf geben. Varoma aufsetzen und das Ganze **15 Min./Varoma/Stufe 1** garen.

4. Nach Garzeitende Mixtopf öffnen. Gareinsatz einsetzen. Kritharaki-Nudeln einwiegen, wieder verschließen. Varoma wieder aufsetzen und weitere **15 Min./Varoma/Stufe 1** garen.

5. Nudeln zusammen mit dem Gyros und Gemüse servieren. Wer möchte, kann noch einmal mit etwas Paprikapulver nachwürzen. Dazu servieren Sie das Tzatziki.

CEVAPCICI

MIT GEMÜSEREIS

FARBENFROHER TELLER

Sieht das nicht toll aus? Saftig, bunt und lecker! So kann man diesen Teller beschreiben. Das kroatische Nationalgericht kommt hier ausschließlich aus dem Varoma! Genial!

Servieren Sie dazu einen Klecks Schmand mit Paprikapulver gewürzt! Oder Ajvar passt auch sehr gut.

Pro Portion: 650 kcal | 39 g KH | 38 g EW | 26 g Fett

FÜR DIE CEVAPCICI

1	Knoblauchzehe
120 g	Zwiebeln, halbiert
3-4	getrocknete Tomaten, ohne Öl
1 Msp.	Kreuzkümmel, gem.
½ TL	Salz
¼ TL	Pfeffer
500 g	Rinderhackfleisch
100 g	Feta
100 g	geröstete Paprika (aus dem Glas)

4 PORT.

27 MIN.

40 MIN.

FÜR DEN GEMÜSEREIS

70 g	Erbsen, TK
100 g	Tomatenmark
1 EL	Gemüsebrühpulver
1 EL	Paprikapulver, rosenscharf
220 g	Langkornreis, parboiled
1.200 g	Wasser, lauwarm (TM31: 1.000 g)
1 kl. Dose Mais (Abtr.gew. 140 g)	
2	Tomaten (380 g)
½ TL	Pfeffer
etwas	Salz

1. Knoblauch, Zwiebel und getrocknete Tomaten in den Mixtopf geben, **4 Sek./Stufe 7** zerkleinern und mit dem Spatel nach unten schieben. Kreuzkümmel, Salz, Pfeffer und Rinderhackfleisch zugeben und **1 Min./Teigstufe** kneten. Feta und Paprika in kleine Würfel schneiden und zugeben. Erneut **30 Sek./Teigstufe** kneten. Aus dem Teig kleine Cevapcici formen und mit den Erbsen im Varoma sowie auf dem Einlegeboden verteilen. Varoma verschließen und beiseitestellen.

2. 50 g Tomatenmark, Gemüsebrühpulver und Paprikapulver in den Mixtopf geben, Gareinsatz einsetzen und Reis einwiegen. Nun mit dem Wasser übergießen. Mixtopfdeckel auflegen, Varoma aufsetzen und alles zusammen **25-27 Min./Varoma/Stufe 1** garen. In der Zwischenzeit Mais gut abtropfen lassen und Tomaten klein würfeln.

3. Nach Garzeitende Reis in eine Schüssel füllen und mit Erbsen vermengen. Cevapcici warm halten. 150 g Garflüssigkeit auffangen und wieder in den Mixtopf geben. Restliche 50 g Tomatenmark, Pfeffer und etwas Salz zugeben und **3 Sek./Stufe 5** mixen. Mais und Tomatenwürfel zugeben, **3 Min./Varoma/⟲/Stufe 1** erhitzen und anschließend zum Reis geben. Alles vermengen und zusammen mit den Cevapcici servieren.

PUTEN-INVOLTINI

MIT LAUWARMEM NUDELSALAT

KÖSTLICH GEFÜLLT

Ein Hauch Italiens zieht durch Ihre Küche! Putenschnitzel werden hier mit Parmaschinken, Mozzarella und Tomaten gefüllt. Dazu gibt es Nudelsalat! Wieso nicht?

Pro Portion: 890 kcal | 81 g KH | 64 g EW | 34 g Fett

FÜR DIE PUTEN-INVOLTINI

4	Putenschnitzel, dünn geschnitten (à 125 g)
etwas	Salz &Pfeffer
8 Scheiben	Parmaschinken
2	Knoblauchzehen
45 g	getrocknete Tomaten, in Öl eingelegt
50 g	Frischkäse
250 g	Mozzarella
10-12	Basilikumblätter
1.600 g	Wasser (TM31: 1.200 g)
1 EL	Gemüsebrühpulver

FÜR DEN NUDELSALAT

400 g	kurze Makkaroni (7 Min. Kochzeit, z.B. von Barilla)
1 TL	Öl
200 g	Cocktailtomaten
75 g	grünes Pesto
2 EL	Essig (20 g)
etwas	Salz & Pfeffer

Außerdem: Holzspieße

4 PORT.

43 MIN.

55 MIN.

1. Putenschnitzel etwas flach klopfen und mit Salz und Pfeffer würzen. Je 2 Scheiben Parmaschinken darauf legen. Knoblauch im Mixtopf **5 Sek./Stufe 5** hacken. Getrocknete Tomaten zugeben und **5 Sek./Stufe 8** zerkleinern. Frischkäse zugeben und **20 Sek./Stufe 4** vermengen. Masse auf den Schnitzeln verteilen.

2. Mozzarella in Scheiben schneiden und auf den Schnitzel zusammen mit den Basilikumblättern verteilen. Aufrollen, mit Spießen fixieren und in den Varoma geben. Mixtopf spülen. Wasser und Gemüsebrühpulver in den Mixtopf geben, Varoma aufsetzen und **35 Min./Varoma/Stufe 1** garen.

3. Varoma kurz abnehmen und die Nudeln durch das Deckelloch in den Mixtopf zugeben. 1 TL Öl zugeben und alles **8 Min./Varoma/ ↺ /Stufe 0.5** fertig garen. In der Zwischenzeit Cocktailtomaten halbieren und in eine große Schüssel geben.

4. Nach Garzeitende Nudeln absieben und zu den Cocktailtomaten geben. Pesto und Essig zugeben und vermengen. Mit Salz und Pfeffer abschmecken und alles zusammen servieren.

HAWAII SCHNITZEL

MIT CURRYRAHMSOSSE

FRUCHTIGER GENUSS

Toast Hawaii kennt jeder! Aber schon mal Hawaii-Schnitzel probiert? Nein? Dann wird es aber höchste Zeit!

Während Gabel für Gabel im Mund verschwindet, träumen wir von der großen weiten Welt.

Pro Portion: 840 kcal | 49 g KH | 48 g EW | 50 g Fett

ZUTATEN

4 Putenschnitzel (à 125 g)
etwas Salz, Pfeffer & Paprikapulver, edelsüß
4 Scheiben Kochschinken
4 Scheiben Ananas (Dose)
4 Scheiben Schmelzkäse (Chester)
200 g Basmatireis
1 TL Salz
1.200 g Wasser, lauwarm (TM31: 1.000 g)

4 **PORT.**

23 MIN.

35 MIN.

FÜR DIE SOSSE

100 g Butter
4 Eigelb
80 g Sahne
¼ TL Pfeffer
½ TL Salz
1 TL Currypulver
½ TL Kurkuma, gem.
2 TL Zitronensaft
½ TL Gemüsebrühpulver
80 g Schmand

Außerdem:
4 Cocktailkirschen oder etwas Marmelade

1. Varoma befüllen: Schnitzel mit etwas Salz, Pfeffer und Paprikapulver würzen und etwas flach klopfen. Mit je 1 Scheibe Schinken, Ananas und Schmelzkäse belegen und in den Varoma geben. (2 Schnitzel unten und 2 auf den Einlegeboden).

2. Gareinsatz einsetzen und Reis einwiegen. Salz darüber geben und mit Wasser übergießen. Mixtopfdeckel auflegen, Varoma aufsetzen und alles zusammen **23 Min./Varoma/Stufe 1** garen.

3. Nach Ende der Garzeit Varoma und Reis warm halten. Mixtopf leeren und Garflüssigkeit weggießen. Alle Zutaten für die Soße in den Mixtopf geben und **6 Min./80°C/Stufe 4** erhitzen. Hawaiischnitzel noch mit Cocktailkirschen oder einem Klecks Marmelade dekorieren und zusammen mit Reis und Soße servieren.

TIPP FÜR FRUCHTIGE SOSSE:

Wer möchte kann noch 2 EL Flüssigkeit von der Ananasdose mit zur Soße geben. Restliche Ananasscheiben können in Stücke geschnitten in die fertige Soße gegeben werden.

ITALIENISCHE
HACKBÄLLCHEN
MIT TRULLI-NUDELN

TRI TRA TRULLALA...

... schon ist das leckere Essen da. Ok, so schnell geht es auch wieder nicht, aber in 40 Min. kann gegessen werden. Und wir versprechen: Die Wartezeit lohnt sich!

Pro Portion: 802 kcal | 74 g KH | 53 g EW | 30 g Fett

FÜR DIE HACKBÄLLCHEN

1-2	Knoblauchzehen
1	Zwiebel, geviertelt
10 g	Olivenöl
800 g	Rinderhackfleisch
50 g	Paniermehl
2	Eier
1 TL	Salz
¼ TL	Pfeffer
1 TL	Paprikapulver, edelsüß
2 EL	Sojasauce
20 g	Tomatenmark

6 PORT.

FÜR DIE SOSSE

2	Knoblauchzehen
1	Zwiebel, halbiert
10 g	Olivenöl
250 g	Schinkenwürfelchen
500 g	passierte Tomaten
1.000 g	Wasser, lauwarm
100 g	Rotwein*
1 TL	Salz
¼ TL	Pfeffer
1-2 TL	Ital. Kräuter, getr.
3 TL	Gemüsebrühpulver

AUSSERDEM

500 g	Trulli-Nudeln (z.B von Birkel)
50 g	Tomatenmark

***alkoholfreie Variante:**

50 g roter Traubensaft und
50 g flüssige Gemüsebrühe

30 MIN.

40 MIN.

1. Knoblauch und Zwiebel im Mixtopf **5 Sek./Stufe 5** zerkleinern. Öl zugeben und **2 Min./100°C/Stufe 1** dünsten. Hackfleisch (etwas zerrupft) und restliche Zutaten dazugeben und **1:30 Min/Teigstufe** zu einer Hackfleischmasse verarbeiten. In eine Schüssel umfüllen. Mixtopf muss nicht gespült werden.

2. Aus der Hackfleischmasse ca. 45-50 kleine Bällchen formen und diese im Varoma und auf dem Einlegeboden verteilen.

3. Für die Soße Knoblauch und Zwiebel im Mixtopf **5 Sek./Stufe 5** zerkleinern. Öl zugeben und **2 Min/100°C/Stufe 1** dünsten. Schinkenwürfelchen dazugeben und **3 Min./Varoma/ ↺ /Stufe 1** weiter dünsten.

4. Restliche Zutaten für die Soße in den Mixtopf geben, Gewürze mit dem Spatel etwas unterrühren. Mixtopfdeckel auflegen, Varoma mit Hackbällchen aufsetzen und alles **20 Min./Varoma/ ↺ /Stufe 1** garen.

5. Nach Garzeitende Trulli-Nudeln in den Mixtopf zugeben und weitere **9 Min./Varoma/ ↺ /Stufe 0.5** garen. Pasta in eine Schüssel umfüllen und 50 g Tomatenmark vorsichtig unterrühren. Zusammen mit den Hackbällchen servieren.

HÄHNCHENFILET

IN SENFSOSSE

FIXES FÜR
2 PERSONEN

DARF ES EIN BISSCHEN MEHR SEIN?

Dieses Gericht ist für 2 Personen! Aber keine Panik für 4 gute Esser, können Sie das Gericht auch verdoppeln. Nehmen Sie einfach die doppelte Zutatenmenge und lassen Sie die Soße ein bisschen länger kochen bis die Temperatur erreicht ist. Aber Achtung! Die Wassermenge (1.200 g) bleibt gleich.

Pro Portion: 819 kcal | 52 g KH | 47 g EW | 44 g Fett

ZUTATEN

200 g Hähnchen-Innenbrustfilets
etwas Pfeffer
4 Scheiben Parmaschinken
250 g Brokkoli
150 g Champignons
100 g Langkornreis, parboiled
1 EL Gemüsebrühpulver
1.200 g Wasser, lauwarm (TM31: 1.000 g)

2 PORT.

22 MIN.

35 MIN.

FÜR DIE SOSSE

2 Knoblauchzehen
1 kl. Zwiebel, halbiert
1 EL Öl
30 g Senf, mittelscharf
150 g Frischkäse
1 EL 8-Kräuter-Mischung, TK
220 g Garflüssigkeit
50 g Weißwein*
70 g Sahne
etwas Salz & Pfeffer

alkoholfreie Variante:
flüssige Gemüsebrühe

1. Varoma befüllen: Hähnchenfilets mit Pfeffer würzen, mit Parmaschinken umwickeln und in den Varoma geben. Brokkoli in kleine Röschen teilen und darauf verteilen. Pilze in Scheiben schneiden und darauf geben. Varoma verschließen und beiseitestellen.

2. Gareinsatz einsetzen und Reis einwiegen. Gemüsebrühpulver darüber geben und mit Wasser übergießen. Mixtopfdeckel auflegen, Varoma aufsetzen und alles zusammen **20-22 Min./Varoma/Stufe 1** garen.

3. Nach Ende der Garzeit Varoma und Reis warm halten. Mixtopf leeren, dabei 220 g der Garflüssigkeit für die Soße auffangen. Knoblauch und Zwiebel im Mixtopf **5 Sek./Stufe 5** zerkleinern und mit dem Spatel nach unten schieben. Öl zugeben und **3 Min./120°C/Stufe 1** dünsten. Restliche Zutaten zugeben und **5 Min./80°C/Stufe 2** erhitzen. Alles zusammen servieren.

RAHMGEMÜSE

MIT WIENER-WÜRSTCHEN

BELIEBT BEI KINDERN

IDEAL FÜR KÜHLE HERBSTABENDE

Dieser sämige Eintopf wärmt von Innen und ist ideal bei schmuddeligem Herbstwetter. Viel Gemüse sorgt für ordentlich Geschmack auf dem Teller und wird selbst von Kindern regelrecht verschlungen. Und das Beste: Man kann den Eintopf prima aufwärmen.

Pro Portion: 423 kcal | 35 g KH | 16 g EW | 25 g Fett

ZUTATEN

1	Zwiebel, halbiert
70 g	Knollensellerie, in Stücken
100 g	Lauch, in Stücken
1 Handvoll Petersilie	
20 g	Öl
220 g	Karotten
420 g	Kohlrabi
450 g	Süßkartoffeln oder Kartoffeln
600 g	Wasser, lauwarm
1 EL	Gemüsebrühpulver
4	Wiener-Würstchen (260 g)
½ Bd.	Schnittlauch, in Röllchen
½ TL	Paprikapulver, edelsüß
50 g	Sahneschmelzkäse
½ TL	Salz
1 Msp.	Muskat, gem.

4 PORT.

30 MIN.

1. Zwiebel, Sellerie, Lauch und Petersilie im Mixtopf **8 Sek./Stufe 5** zerkleinern und mit dem Spatel vom Mixtopfrand nach unten schieben. Öl zugeben und **3 Min./120°C/Stufe 1** dünsten.

2. Karotten, Kohlrabi und Kartoffeln schälen und in kleine Stücke schneiden. Zusammen mit Wasser und Gemüsebrühpulver in den Mixtopf zugeben und **22 Min./100°C/ ↺ /Stufe 1** garen.

3. Wiener in dünne Scheiben schneiden, zusammen mit den restlichen Zutaten zugeben und mit dem Spatel vermengen. Noch einmal **4 Min./90°C/ ↺ /Stufe 1** erhitzen. Fertig!

SCHINKEN-GNOCCHI

MIT GORGONZOLASOSSE

EIN DREAM-TEAM

hier vereint sich Spargel mit Schinken und Gnocchi. Das schmackhafte Trio wird mit einer köstlichen Gorgonzola-Soße vollendet. Und wer partout keinen Gorgonzola will, nimmt einfach Mascarpone!

Wer möchte, kann die Gnocchi vor dem Servieren noch mit Parmesan bestreuen.

Pro Portion: 621 kcal | 92 g KH | 25 g EW | 16 g Fett

4
PORT.

25 MIN.

35 MIN.

ZUTATEN

500 g	grüner Spargel
1.000 g	Gnocchi (Kühltheke)
700 g	Wasser, lauwarm
1 EL	Gemüsebrühpulver
150 g	Hinterkochschinken

FÜR DIE SOSSE

1	Knoblauchzehe
1	Zwiebel, halbiert
1 EL	Öl
50 g	Garflüssigkeit
60 g	Gorgonzola
50 g	Milch, 1,5%,
150 g	Kochsahne, 15% Fett
1 TL	Gemüsebrühpulver
½ TL	Pfeffer
½ TL	Salz

1. Vom Spargel die holzigen Enden abschneiden und die Stangen schräg in ca. 4 cm lange Stücke schneiden. Zusammen mit den Gnocchi im Varoma und auf dem Einlegeboden verteilen.

2. Wasser und Gemüsebrühpulver in den Mixtopf geben. Mixtopfdeckel auflegen, Varoma aufsetzen und das Ganze nun **25 Min./Varoma/Stufe 1** garen. In der Zwischenzeit den Schinken in Würfel schneiden. Nach Garzeitende Gnocchi und Spargel warm halten. Mixtopf leeren und dabei 50 g Garflüssigkeit auffangen.

3. Für die Soße Knoblauch und Zwiebel **5 Sek./Stufe 5** zerkleinern und mit dem Spatel nach unten schieben. Öl und Schinkenwürfel zugeben und **3 Min./100°C/Stufe 1** dünsten. Restliche Zutaten für die Soße zugeben und **5 Min./ ⟲ /90°C/Stufe 2** kochen. Alles zusammen servieren.

PUTENSTEAK JÄGERART

MIT EIER-SPÄTZLE

WAIDMANNSHEIL!

„Jägerart“ bedeutet nichts anderes, als dass man einem Gericht noch Pilze zufügt. Das haben wir getan und waren begeistert von dem Geschmack. Abgerundet mit Eierspätzle wird dieses Gericht zum reinsten Festessen!

Pro Portion: 651 kcal | 43 g KH | 43 g EW | 33 g Fett

ZUTATEN

3	Putenschnitzel (ca. 500 g)
etwas	Salz, Pfeffer & Paprikapulver, edelsüß
400 g	Champignons
700 g	Wasser, lauwarm
1 TL	Salz
500 g	Eier-Spätzle (Kühltheke)

FÜR DIE SOSSE

1	rote Zwiebel, halbiert
40 g	Butter
150 g	Milch, 1,5%
1 EL	Speisestärke
1 EL	ital. Kräuter, getr.
40 g	Tomatenmark
1 TL	Salz
½ TL	Gemüsebrühpulver
1 Spritzer	Sojasauce
200 g	Sahne

4 PORT.

22 MIN.

30 MIN.

1. Putenschnitzel halbieren und mit Salz, Pfeffer und Paprikapulver würzen. Champignons in Scheiben schneiden. Beides im Varoma und auf dem Einlegeboden verteilen. Wasser und Salz in den Mixtopf geben. Mixtopfdeckel auflegen, Varoma aufsetzen und das Ganze **15 Min./Varoma/Stufe 1** garen. In der Zwischenzeit Spätzle in den Gareinsatz geben. Nach Ablauf der Zeit Gareinsatz mit Spätzle einsetzen und weitere **7 Min./Varoma/Stufe 1** garen.

2. Nach Garzeitende Fleisch, Champignons und Spätzle warm halten. Mixtopf leeren. Zwiebel in den Mixtopf geben und **5 Sek./Stufe 5** zerkleinern. Butter zugeben und **2 Min./120°C/Stufe 1** dünsten. Restliche Zutaten für die Soße zugeben und **5 Min./90°C/Stufe 3** erhitzen.

3. Champignons mit der Soße vermengen und zusammen mit Putenschnitzel und Spätzle servieren.

PUTEN-KÄSE-RÖLLCHEN

MIT FRÜHLINGSGEMÜSE

OH WIE LECKER!

Von diesem Gericht werden Sie noch lange schwärmen! Ok, wir gebens zu: Die Soße ist sehr würzig, aber wenn man es mit dem kompletten Gemüse vermischt, ist es mehr als perfekt. Deshalb Gemüsemenge nicht reduzieren!

NOCH WAS DAZU?

Wer möchte, kann bei Restzeit 25 Min. noch den Gareinsatz mit Kartoffeln oder Reis einsetzen. Reis vorher waschen!

Pro Portion: 507 kcal | 22 g KH | 45 g EW | 26 g Fett

FÜR DIE PUTEN-RÖLLCHEN

150 g	Bergkäse, in Stücken
4	Putenschnitzel, dünn geschnitten (à 125 g)
etwas	Salz & Pfeffer
1.200 g	Wasser, lauwarm (TM31: 1.000 g)
1 EL	Gemüsebrühpulver

4 PORT.

45 MIN.

55 MIN.

FÜR DAS GEMÜSE

300 g	Kohlrabi
300 g	Karotten
200 g	Erbsen, TK
150 g	Garflüssigkeit
100 g	Frischkäse
80 g	Sahne
1 TL	gemischte Kräuter, getr.
1 TL	Gemüsebrühpulver
½ TL	Salz
½ TL	Pfeffer
1 EL	Speisestärke (gestrichen)
1 TL	Zitronensaft
2-3	Frühlingzwiebeln

Außerdem: Holzspieße

1. Zuerst den Bergkäse im Mixtopf **5 Sek./Stufe 8** reiben. Umfüllen und Mixtopf spülen. Varoma befüllen: Putenschnitzel etwas flach klopfen und mit Salz und Pfeffer würzen. Bergkäse darüber streuen, aufrollen, mit Spießen fixieren und in den Varoma geben. Varoma verschließen und beiseitestellen.

2. Wasser und Gemüsebrühpulver in den Mixtopf geben, Mixtopfdeckel auflegen, Varoma aufsetzen und **20 Min./Varoma/Stufe 1** garen.

3. In der Zwischenzeit Kohlrabi und Karotten in Stifte schneiden. Nach Ende der Garzeit ein Teil des Gemüses auf den Putenröllchen verteilen, Rest auf den Einlegeboden geben. Varoma wieder aufsetzen und alles zusammen weitere **25 Min./Varoma/Stufe 1** fertig garen.

4. Varoma beiseitestellen und warm halten. Mixtopf leeren, dabei 150 g Garflüssigkeit auffangen und wieder zurück in den Mixtopf geben. Restliche Zutaten für die Soße zugeben und **5 Min./80°C/Stufe 3** erhitzen.*

5. In der Zwischenzeit Frühlingszwiebel in Ringe schneiden. Soße mit Gemüse und Frühlingszwiebeln vermengen und zusammen mit den Putenröllchen servieren.

MAC & CHEESE

MIT HACKFLEISCH

SO LECKER, DA ESSEN ALLE MIT!

VAROMA HAT HEUTE URLAUB!

Den Varoma können Sie heute einfach mal im Schrank lassen. Diese neue Variante vom beliebten Mac & Cheese wird ONE-POT im Mixtopf gekocht. Total easy!

Pro Portion: 618 kcal | 53 g KH | 28 g EW | 32 g Fett

ONE-POT-PASTA

4 PORT.

25 MIN.

ZUTATEN

80 g	Cheddarkäse
1	Knoblauchzehe
100 g	Zwiebeln, halbiert
20 g	Öl
250 g	Hackfleisch, gemischt
1 TL	Salz
½ TL	Pfeffer
½ TL	Paprikapulver, edelsüß
50 g	Tomatenmark
100 g	Sahne
100 g	Milch, 1,5%
500 g	Wasser, lauwarm
1 TL	Gemüsebrühpulver
1 Msp.	Muskat, gem.
250 g	kleine Hörnchennudeln (von Barilla, Kochzeit 6 Min.)
150 g	kl. Brokkoliröschen

1. Käse in Stücken in den Mixtopf geben und **10 Sek./Stufe 5** reiben. Umfüllen. Knoblauch und Zwiebeln in den Mixtopf geben und **5 Sek./Stufe 5** zerkleinern. Mit dem Spatel alles nach unten schieben. Öl und Hackfleisch (etwas zerrupft) zugeben und **3 Min./Varoma/ ⟲ /Stufe 0.5** braten. Alles mit dem Spatel vermengen und noch einmal **3 Min./Varoma/ ⟲ /Stufe 0.5** braten.

2. Salz, Pfeffer, Paprikapulver und Tomatenmark zugeben. **3 Sek./Stufe 3** mischen. Sahne, Milch, Wasser, Gemüsebrühpulver und Muskat zugeben und **7 Min./100°C/Stufe 0.5** aufkochen. Nudeln und Brokkoliröschen zugeben, mit dem Spatel vermengen und erneut **10 Min./90°C/ ⟲ /Stufe 0.5** kochen.

3. Nach Garzeitende den geriebenen Käse zugeben, mit dem Spatel unterrühren und servieren.

HÄHNCHEN-RIGATONI

MIT TOMATENSOSSE

WIE TOLL IST DAS DENN?

Hier werden Nudeln, Hähnchen, Tomaten, Champignons und Speck im Mixtopf zu einer fantastischen Pasta vereint. Ein tolles Gericht für heiße Sommerabende!

Pro Portion: 461 kcal | 52 g KH | 31 g EW | 13 g Fett

ONE-POT-PASTA

4 PORT.

25 MIN.

ZUTATEN

50 g	Parmesan, in Stücken
2	Knoblauchzehen
1	Zwiebel, halbiert
50 g	rote Paprika
1 EL	Öl
220 g	stückige Tomaten (Dose)
50 g	Weißwein*
500 g	Wasser, lauwarm
25 g	Tomatenmark
1 TL	ital. Kräuter, getr.
1 TL	Gemüsebrühpulver
¼ TL	Pfeffer
1 TL	Salz
250 g	Hähnchenbrustfilet
70 g	Champignons
50 g	Speckwürfelchen
250 g	Penne Lisce (Penne ohne Rillen)
ein paar	frische Basilikumblätter

alkoholfreie Variante:
flüssige Gemüsebrühe

1. Parmesan in den Mixtopf geben und **10 Sek./Stufe 8** reiben. Umfüllen.

2. Knoblauch, Zwiebel und Paprika in den Mixtopf geben und **5 Sek./Stufe 5** zerkleinern. Alles mithilfe des Spatels nach unten schieben. Öl zugeben und **2 Min./120°C/Stufe 1** dünsten. Stückige Tomaten, Weißwein, Wasser, Tomatenmark und Gewürze zugeben und **5 Min./100°C/Stufe 1** aufkochen.

3. In der Zwischenzeit Fleisch in kleine Würfel und Champignons in Scheiben schneiden. Zusammen mit den Speckwürfeln und den Nudeln zugeben. Das Ganze **15 Min./90°C/ ↺ /Stufe 0.5** ohne eingesetzten Messbecher garen. Mit Parmesan und frischem Basilikum bestreut servieren.

TIPP

Sie können anstatt Schnittlauch auch Dill oder Petersilie verwendet!

FISCH AHOI!

Fischfans aufgepasst: Hier könnt ihr kreativ sein! Es muss nicht immer Lachs sein. Auch Seelachs oder Kabeljau dürfen sich hier mal unter den Zitronenscheiben verstecken. Genauso kann das Gemüse variieren. Der Vielfalt sind keine Grenzen gesetzt!

ZITRONENLACHS

IN HONIG-SENF-SOSSE

Pro Portion: 877 kcal | 90 g KH | 41 g EW | 37 g Fett

ZUTATEN

2	Lachsfilets, frisch (à 125 g)
etwas	Salz & Pfeffer
1	Zitrone
200 g	Zucchini
200 g	Blumenkohl
180 g	Langkornreis, parboiled
1 EL	Gemüsebrühpulver
1.200 g	Wasser, lauwarm (TM31: 1.000 g)

FÜR DIE SOSSE

200 g	Garflüssigkeit
1 EL	Speisestärke (leicht gehäuft)
200 g	Sauerrahm
2 TL	Senf, mittelscharf
1 EL	Honig
1 Bd.	Schnittlauch, in Röllchen geschnitten
etwas	Salz & Pfeffer

2 PORT.

28 MIN.

35 MIN.

1. Varoma befüllen: Lachs mit etwas Salz und Pfeffer würzen und auf den Einlegeboden geben. Zitrone in Scheiben schneiden und auf den Lachs legen. Zucchini der Länge nach halbieren und in ca. 1 cm dicke Scheiben schneiden. Blumenkohl in kleine Röschen teilen. 2/3 des Gemüses unten in den Varoma geben und Rest um den Lachs auf den Einlegeboden verteilen. Varoma verschließen und beiseitestellen.

2. Gareinsatz einsetzen und Reis einwiegen. Gemüsebrühpulver darüber geben und mit Wasser übergießen. Mixtopfdeckel auflegen, Varoma aufsetzen und alles zusammen **28 Min./Varoma/Stufe 1** garen.

3. Nach Ende der Garzeit Varoma und Reis warm halten. Mixtopf leeren und dabei 200 g der Garflüssigkeit auffangen. Wieder zurück in den Mixtopf geben und Speisestärke hinzufügen. **5 Sek./Stufe 10** mixen. Restliche Zutaten für die Soße zugeben und **5 Min./100°C/Stufe 2** aufkochen. Alles zusammen servieren.

GARNELEN-ERDNUSS-CURRY

MIT REIS

NUR NICHT INS SCHWITZEN KOMMEN!

Es gibt verschiedenste Arten von roter Currypaste. Manche sind sehr scharf. Besonders die vom Asialaden. Also bitte vorsichtig dosieren!

Pro Portion: 699 kcal | 68 g KH | 31 g EW | 31 g Fett

ZUTATEN

70 g	Zwiebel, halbiert
1	Knoblauchzehe
1 EL	Öl
250 g	Langkornreis, parboiled
1 EL	Gemüsebrühpulver
1.200 g	Wasser, lauwarm (TM31: 1.000 g)
½	Chinakohl
400 g	Zuckerschoten
400 g	Garnelen, frisch o. TK (küchenfertig)

4 PORT.

25 MIN.

35 MIN.

FÜR DIE SOSSE

50 g	Garflüssigkeit
400 g	Kokosmilch, ungesüßt
1 TL	Currypulver (gestrichen)
3 EL	Erdnusscreme
1 EL	rote Currypaste
2-3 Spritzer	Sojasauce
etwas	Pfeffer

1. Zwiebel und Knoblauch in den Mixtopf geben, **5 Sek./Stufe 5** zerkleinern und mit dem Spatel nach unten schieben. Öl zugeben und **2 Min./120°C/Stufe 1** dünsten. Gareinsatz einsetzen und Reis einwiegen. Gemüsebrühpulver darüber geben und mit Wasser übergießen. Mixtopfdeckel auflegen.

2. Chinakohl in Streifen schneiden und zusammen mit den Zuckerschoten unten in den Varoma geben. Garnelen auf den Einlegeboden geben (TK-Garnelen kurz mit warmen Wasser waschen, damit sie leicht antauen) und in den Varoma einsetzen. Varoma aufsetzen und alles zusammen **25 Min./Varoma/Stufe 1** garen.

3. Nach Garzeitende Varoma und Reis warm halten, Mixtopf leeren und dabei 50 g Garflüssigkeit auffangen. Garflüssigkeit und restliche Zutaten für die Soße in den Mixtopf geben und **2 Min./80°C/Stufe 2** erhitzen. Im Anschluss **10 Sek./Stufe 10** pürieren. Soße mit Gemüse und Garnelen vermengen und mit Reis servieren.

SCAMPIS IN DILLSOSSE

MIT KAROTTEN-ERBSEN-REIS

ABER BITTE MIT ZITRONE!

Legen Sie auf jeden Teller noch ein Stück Zitrone dazu. Jeder kann dann nach Gusto seine Scampi beträufeln. Das macht dieses Gericht perfekt!

Pro Portion: 953 kcal | 103 g KH | 45 g EW | 40 g Fett

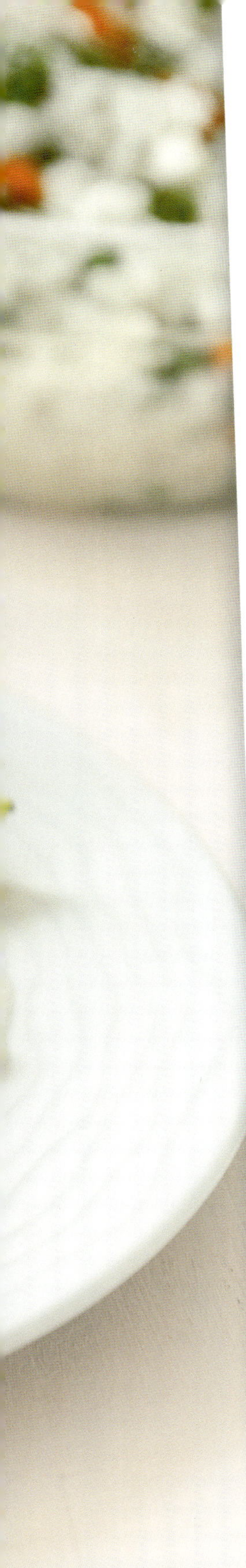

ZUTATEN

1	Karotte (130 g)
150 g	Erbsen, TK
350 g	Garnelen, frisch o. TK (küchenfertig)
etwas	Streu-Kräuter oder Kräuter-Salz, zum Würzen
1	rote Zwiebel, halbiert
200 g	Langkornreis, parboiled
1 EL	Gemüsebrühpulver
1.200 g	Wasser, lauwarm (TM31: 1.000 g)

Streukräuter gibt es von verschiedenen Herstellern. Sie finden diese im gut sortierten Supermarkt entweder bei den Gewürzen oder in der Gemüseabteilung.

2 PORT.

22 MIN.

30 MIN.

FÜR DIE SOSSE

400 g	Garflüssigkeit
200 g	Schmand
30 g	Sahneschmelzkäse
50 g	Sahne
½ TL	Paprikapulver, edelsüß
1 TL	Gemüsebrühpulver
1 TL	Currypulver

1 Handvoll Dill

TIPP FÜR VARIANTE:

Anstelle der Garnelen können Sie auch Kabeljaufilets auf dem Einlegeboden mitgaren.

1. Varoma befüllen: Karotte der Länge nach vierteln und in Scheiben schneiden. Zusammen mit den Erbsen in den Varoma geben. Garnelen mit etwas Streu-Kräuter würzen und auf den Einlegeboden geben. Varoma verschließen und beiseitestellen.

2. Zwiebel in den Mixtopf geben und **5 Sek./Stufe 5** zerkleinern. Gareinsatz einsetzen und Reis einwiegen. Gemüsebrühpulver darüber geben und mit Wasser übergießen. Mixtopfdeckel auflegen, Varoma aufsetzen und alles zusammen **22 Min./Varoma/Stufe 2** garen.

3. Nach Ende der Garzeit Varoma und Reis warm halten. Mixtopf leeren, dabei 400 g der Garflüssigkeit auffangen. Diese wieder zurück in den Mixtopf geben. Restliche Zutaten für die Soße zugeben und **2 Min./80°C/Stufe 1** erhitzen.

4. Reis mit Karotten und Erbsen vermengen und zusammen mit den Garnelen und der Soße servieren.

PASTA TONNO

MIT PIKANTER TOMATENSOSSE

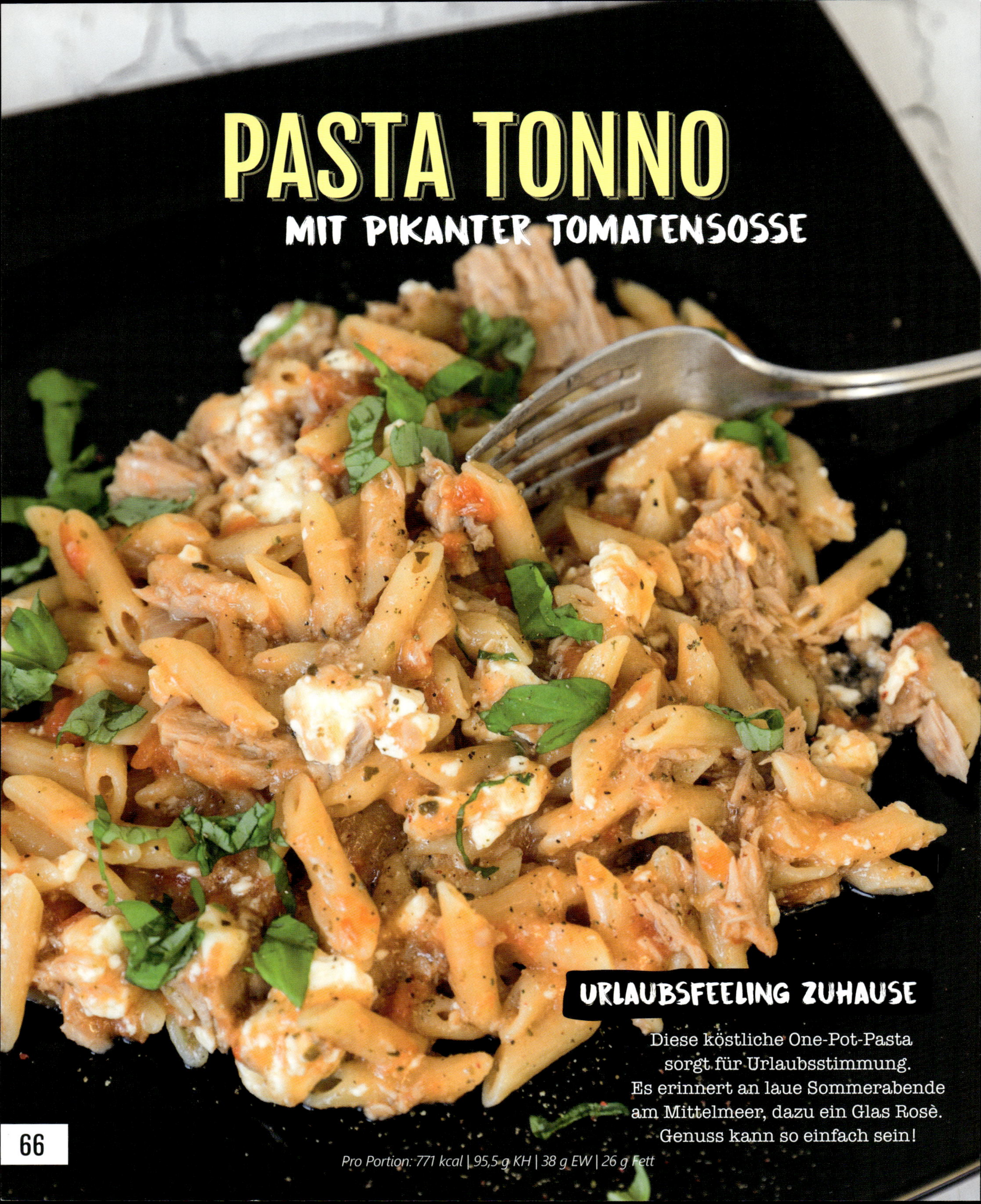

URLAUBSFEELING ZUHAUSE

Diese köstliche One-Pot-Pasta sorgt für Urlaubsstimmung. Es erinnert an laue Sommerabende am Mittelmeer, dazu ein Glas Rosè. Genuss kann so einfach sein!

Pro Portion: 771 kcal | 95,5 g KH | 38 g EW | 26 g Fett

ONE-POT-PASTA

3 PORT.

25 MIN.

ZUTATEN

1	Knoblauchzehe
100 g	Zwiebeln
20 g	Öl
500 g	passierte Tomaten
50 g	Tomatenmark
580 g	Wasser, lauwarm
1 TL	Oregano, gerebelt
1 TL	Majoran, gerebelt
1 TL	Gemüsebrühpulver
1 TL	Salz
¼ TL	Pfeffer
½ TL	Cayennepfeffer
350 g	Mini-Penne (z.B. von Barilla, Kochzeit 6 Min.)
1 Dose	Thunfisch in Öl (Abtr.gew. 140 g)
150 g	Feta
ein paar	frische Basilikumblätter, in Streifen geschnitten

1. Knoblauch und Zwiebeln in den Mixtopf geben, **5 Sek./Stufe 5** zerkleinern und mit dem Spatel nach unten schieben. Öl zugeben und **3 Min./120°C/Stufe 1** dünsten. Passierte Tomaten, Tomatenmark, Wasser und Gewürze zugeben und **7 Min./100°C/Stufe 1** aufkochen.

2. Nudeln zugeben und **8-10 Min./100°C/⟲/Stufe 0.5** kochen. In der Zwischenzeit Thunfisch gut abtropfen lassen und Feta mit den Händen fein zerbröseln.

3. Nach Garzeitende Thunfisch und Feta zugeben und mit dem Spatel unterheben. Mixtopfdeckel wieder schließen und 3-5 Min. ziehen lassen. Pasta mit Basilikum bestreut servieren.

PAPRIKA-SCAMPI

MIT FETAKÄSE

STILLGESTANDEN!

Dicht aneinandergereiht liegen Sie auf dem Einlegeboden. Die Scampi werden mit Olivenöl und Gewürzen mariniert und landen dann mit saftigem Tomatenreis und Feta auf dem Teller. Das kann es ruhig öfter geben!

Pro Portion: 534 kcal | 54 g KH | 33 g EW | 19 g Fett

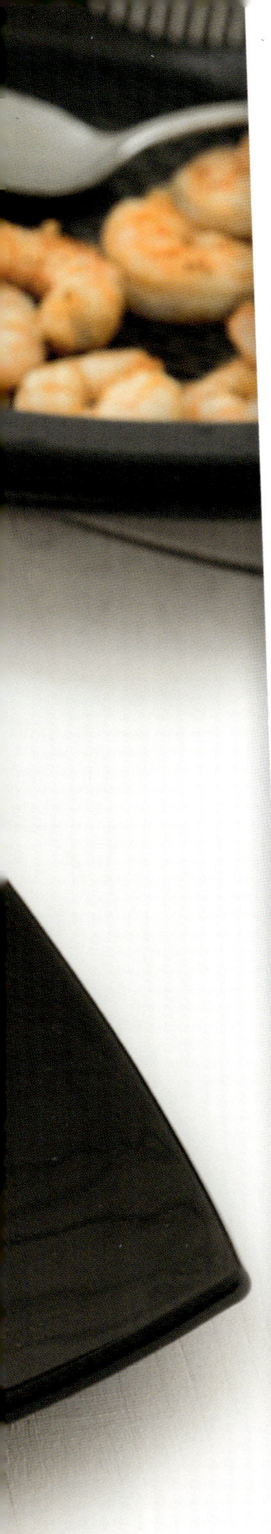

ZUTATEN

3	rote und gelbe Paprika (500 g)
180 g	Feta
450 g	Scampi, frisch o. TK (küchenfertig)
1 EL	Olivenöl
etwas	Salz, Pfeffer & Paprikapulver, edelsüß
1 Dose	stückige Tomaten (400 g)
1 TL	Gemüsebrühpulver
200 g	Basmatireis
800 g	Wasser, lauwarm (TM31: 600 g)

FÜR DIE SOSSE

1	rote Zwiebel, halbiert
2	Knoblauchzehen
1 EL	Öl
600 g	Garflüssigkeit
¼ TL	Pfeffer
1 TL	Salz
1 Msp.	Cayennepfeffer
1 TL	ital. Kräuter, getr.
25 g	Paprikamark

4
PORT.

22 MIN.

30 MIN.

1. Varoma befüllen: Paprika und Feta klein würfeln und in den Varoma geben. Scampi mit Olivenöl, Salz, Pfeffer und Paprikapulver marinieren und auf den Einlegeboden geben. Varoma verschließen und beiseitestellen.

2. Stückige Tomaten und Gemüsebrühpulver in den Mixtopf geben, Gareinsatz einsetzen und Reis einwiegen. Nun mit dem Wasser übergießen. Mixtopfdeckel auflegen, Varoma aufsetzen und alles zusammen **22 Min./Varoma/Stufe 2** garen.

3. Nach Ende der Garzeit Varoma abnehmen und Gareinsatz herausnehmen. Beides warm halten. Garflüssigkeit **10 Sek./Stufe 8** pürieren und umfüllen. Zwiebel und Knoblauch im Mixtopf **5 Sek./Stufe 5** zerkleinern und mit dem Spatel nach unten schieben. Öl zugeben und **2 Min./120°C/Stufe 1** dünsten. 600 g der Garflüssigkeit zusammen mit den restlichen Zutaten für die Soße in den Mixtopf geben und **5 Sek./Stufe 5** mixen. Alles zusammen servieren.

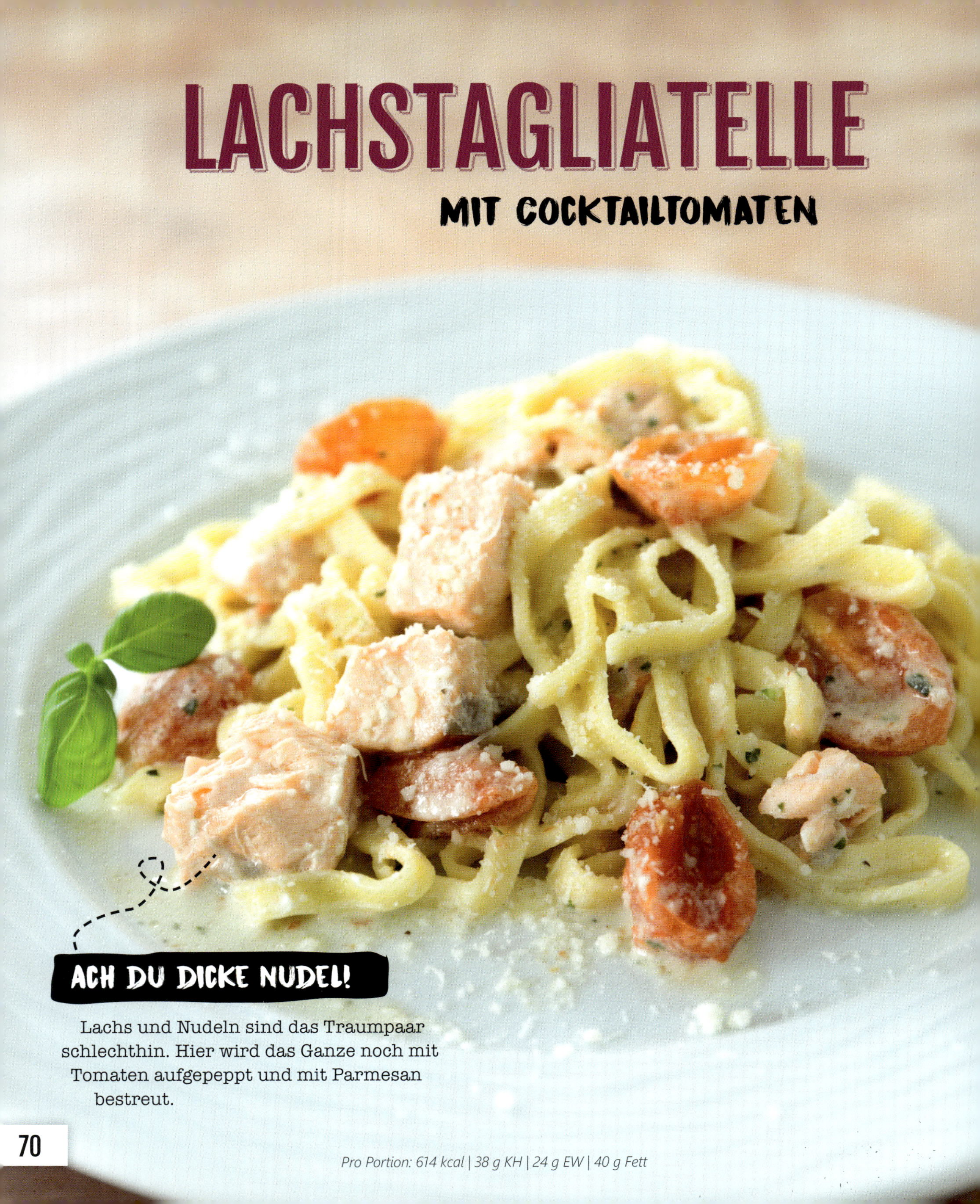

LACHSTAGLIATELLE

MIT COCKTAILTOMATEN

ACH DU DICKE NUDEL!

Lachs und Nudeln sind das Traumpaar schlechthin. Hier wird das Ganze noch mit Tomaten aufgepeppt und mit Parmesan bestreut.

Pro Portion: 614 kcal | 38 g KH | 24 g EW | 40 g Fett

ZUTATEN

50 g	Parmesan, in Stücken
400 g	frische Tagliatelle (Kühltheke)
250 g	frisches Lachsfilet*
250 g	Cocktailtomaten
600 g	Wasser, lauwarm
1 EL	Gemüsebrühpulver

*Wenn Sie TK-Lachs verwenden möchten, bitte vorher mit warmen Wasser abbrausen und danach noch 30 Min. antauen lassen.

FÜR DIE SOSSE

1	kl. Zwiebel, halbiert
2	kl. Knoblauchzehen
1 EL	Öl
200 g	Garflüssigkeit
250 g	Mascarpone
1 EL	ital. Kräuter, TK
¼ TL	Pfeffer
1 TL	Zitronensaft
½ TL	Salz

4 PORT.

20 MIN.

30 MIN.

1. Parmesan in den Mixtopf geben und **10 Sek./Stufe 8** reiben. Umfüllen und Mixtopf mit Wasser ausspülen. Varoma befüllen: Nudeln unten in den Varoma geben. Lachs in kleine Würfel schneiden. Auf den Nudeln verteilen. Darauf achten, dass in der Mitte ausreichend Schlitze frei sind. Cocktailtomaten halbieren und auf den Einlegeboden legen. Varoma verschließen und beiseitestellen.

2. Wasser und Gemüsebrühpulver in den Mixtopf geben, Mixtopfdeckel auflegen. Varoma aufsetzen und alles zusammen **20 Min./Varoma/Stufe 2** garen.

3. Nach Ende der Garzeit Varoma abnehmen und warm halten. Mixtopf leeren, dabei 200 g Garflüssigkeit für die Soße auffangen. Zwiebel und Knoblauch im Mixtopf **5 Sek./Stufe 5** zerkleinern. Mit dem Spatel nach unten schieben. Öl zugeben und **3 Min./120°C/Stufe 1** dünsten. Restliche Zutaten für die Soße (inkl. Parmesan) zugeben und **3-4 Min./90°C/Stufe 2,5** erhitzen. In der Zwischenzeit die gelöste Haut der Cocktailtomaten abzupfen. Soße mit Nudeln, Lachs und Tomaten vermengen und servieren.

SPINAT-TORTELLINI

MIT MOZZARELLABÄLLCHEN

DAS WENN POPEYE WÜSSTE

Hier haben wir das Markenzeichen der Kultfigur mit cremiger Tomaten-Mascarpone-Soße vermengt. Dazu kommen noch Mozzarellabällchen die mit den Tortellini in der Soße baden! Eine Kombi die selbst Spinatgegner zum Schwärmen bringt.

UNGLAUBLICH LECKER!

Pro Portion: 718 kcal | 28 g KH | 45 g EW | 46 g Fett

ZUTATEN

1	Zwiebel, halbiert
1	Knoblauchzehe
40 g	Tomatenstreifen, in Öl eingelegt (altern. getr. Tomaten, in Streifen schneiden)
200 g	Wasser, lauwarm
400 g	passierte Tomaten
1 EL	ital. Kräuter, getr.
1 TL	Salz
¼ TL	Pfeffer
½ TL	Rosmarinpulver
250 g	TK-Würzspinat mit Zwiebeln, portionierbar (z.B. von Iglo)
500 g	Tortellini mit 4-Käsefüllung (Kühltheke)
100 g	Mascarpone
125 g	Mozzarellabällchen

4 PORT.

20 MIN.

25 MIN.

1. Zwiebel und Knoblauch im Mixtopf **5 Sek./Stufe 5** zerkleinern und mit dem Spatel nach unten schieben. Tomatenstreifen zugeben und **3 Min./120°C/Stufe 1** dünsten.

2. Wasser, passierte Tomaten und Gewürze zugeben. Mixtopfdeckel auflegen. Gefrorenen Spinat unten in den Varoma geben. Tortellini auf den Einlegeboden legen. Varoma verschließen und aufsetzen. Alles zusammen **20 Min./Varoma/Stufe 1** garen.

3. Nach Garzeitende Spinat und Tortellini in eine Schüssel geben. Mascarpone zur Soße in den Mixtopf geben und **1 Min./100°C/Stufe 4** vermengen. Mozzarellabällchen zugeben und mit dem Spatel unterrühren. Soße über die Tortellini gießen, vermengen und servieren.

VEGGIE

GEMÜSE-FUSILLI-TOPF

MIT CREMIGER PAPRIKASOSSE

Dieses vegetarische Gemüse-Nudel-Gericht sorgt für ein lautes WOW am Küchentisch. Wer gerne viel Soße mag, kann die Menge der Soße einfach verdoppeln. Guten Hunger!

ES MUSS NICHT IMMER FLEISCH SEIN

Pro Portion: 603 kcal | 63 g KH | 19 g EW | 29 g Fett

ZUTATEN

50 g	Parmesan, in Stücken
1.600 g	Wasser, lauwarm (TM31: 1.200 g)
1 EL	Gemüsebrühpulver
200 g	Karotten
200 g	Brokkoli
200 g	rote Paprika
200 g	Blumenkohl
250 g	Fusilli (Kochzeit 11 Min., z.B. von Barilla)
1 EL	Öl

TIPP FÜR VARIANTE:

Hier können Sie auch Gemüse wie Zucchini, Pilze oder je nach Saison z.B. Spargelstücke verwenden.

4 PORT.

22 MIN.

35 MIN.

FÜR DIE SOSSE

1	Knoblauchzehe
1	Zwiebel, halbiert
1 EL	Öl
60 g	Garflüssigkeit
200 g	Crème fraîche
100 g	Milch, 1,5%
1 TL	Salz
½ TL	Pfeffer, frisch gem.
30 g	Paprikamark
½ TL	Senf, mittelscharf
2 Spr.	Zitronensaft
1 TL	ital. Kräuter, getr.
1 EL	Speisestärke (leicht gehäuft)

1. Parmesan in den Mixtopf geben und **10 Sek./Stufe 8** reiben. Umfüllen. Wasser und Gemüsebrühpulver in den Mixtopf geben. Gemüse klein schneiden und im Varoma und auf dem Einlegeboden verteilen. Mixtopfdeckel auflegen, Varoma aufsetzen und das Ganze nun **12 Min./Varoma/Stufe 1** garen.

2. Nach Garzeitende, Varoma abnehmen und Fussili und Öl in den Mixtopf zugeben. Varoma wieder aufsetzen und weitere **10 Min./Varoma/ ↺ /Stufe 0.5** garen. Nudeln absieben, dabei 60 g Garflüssigkeit auffangen. Gemüse und Nudeln warm halten.

3. Für die Soße Knoblauch und Zwiebel **5 Sek./Stufe 5** zerkleinern und mit dem Spatel nach unten schieben. Öl zugeben und **2 Min./120°C/Stufe 1** dünsten. Garflüssigkeit und restliche Zutaten für die Soße zugeben, **10 Sek./Stufe 5** vermischen und **5 Min./90°C/Stufe 3** kochen. Alles zusammen servieren.

VEGGIE

HIRTENTELLER

MIT TZATZIKI

WIE IM URLAUB!

Schlemmen wie in der griechischen Taverne. Und das ganz ohne Fleisch. Die Kombi von Peperoni, Feta und Tzatziki, vermengt mit den Kartoffeln, sorgt für Sommerfeeling pur!

Pro Portion: 718 kcal | 28 g KH | 45 g EW | 46 g Fett

ZUTATEN

720 g	Kartoffeln
1	grüne Paprika
1	rote Paprika
½	Gemüsezwiebel
7	milde Peperoni, eingelegt (100 g)
180 g	Schafskäse
600 g	Wasser, lauwarm
1 TL	Gemüsebrühpulver

ZUM WÜRZEN

1 TL	Salz
½ TL	Paprikapulver, rosenscharf
1 TL	Gyrosgewürz

FÜR DAS TZATZIKI

1 Handvoll Petersilie

1	Knoblauchzehe
½	Salatgurke, entkernt
170 g	griechischer Joghurt
100 g	Quark, 20%
etwas	Salz & Pfeffer
1 EL	Olivenöl

4 PORT.

23 MIN.

30 MIN.

1. Zuerst das Tzatziki zubereiten: Petersilie und Knoblauch im Mixtopf **5 Sek./Stufe 6** zerkleinern. Restliche Zutaten zugeben und **4 Sek./Stufe 4** vermengen. Kalt stellen. Mixtopf spülen.

2. Kartoffeln schälen, in mundgerechte Stücke schneiden und in den Gareinsatz geben. Paprika würfeln und Zwiebel in Ringe schneiden. Beides unten in den Varoma geben. Peperoni und Schafskäse (in Stücken) auf den Einlegeboden geben. Wasser und Gemüsebrühpulver in den Mixtopf geben. Gareinsatz einsetzen, Mixtopfdeckel auflegen und Varoma aufsetzen. Das Ganze **23 Min./Varoma/Stufe 1** garen.

3. Nach Garzeitende Varomainhalt mit den Kartoffeln vermengen und mit Salz, Paprikapulver und Gyrosgewürz würzen. Zusammen mit Tzatziki servieren.

VEGGIE

GEMÜSE-ALLERLEI

MIT SOSSENVARIANTEN

NUR GEMÜSE?

Nein natürlich nicht! Dazu gibt`s noch Soße. Egal ob Zitronenhollandaise oder Senfhollandaise. Mit diesem Rezept sind Sie im Soßenhimmel. Und wem es doch zu wenig ist, der packt noch etwas Fleisch oder Kassler mit in den Varoma.

Mit Zitronenhollandaise
Pro Portion: 463 kcal | 27 g KH | 12 g EW | 33 g Fett

MIt Senfhollandaise
Pro Portion: 718 kcal | 28 g KH | 45 g EW | 46 g Fett

ZUTATEN

400 g	Kartoffeln
250 g	Brokkoli
250 g	Blumenkohl
250 g	Karotten
1 TL	Kräutersalz
800 g	Wasser, lauwarm
1 TL	Salz

ZITRONENHOLLANDAISE

40 g	Öl
4	Eigelb
120 g	Milch, 1,5%
200 g	Crème fraîche
2 EL	Zitronensaft
etwas	Zitronenschalenabrieb
1 TL	Salz
½ TL	Pfeffer

ODER:

SENFHOLLANDAISE

4	Eigelb
100 g	Butter
50 g	Sahne
½ TL	Pfeffer
½ TL	Salz
1 EL	Zitronensaft
1 TL	Senf, grobkörnig
150 g	Schmand

4 PORT.

24 MIN.

35 MIN.

1. Kartoffeln schälen und in mundgerechte Stücke schneiden. In den Gareinsatz geben. Brokkoli und Blumenkohl in kleine Röschen teilen, Karotten in Scheiben schneiden. Alles im Varoma und auf dem Einlegeboden verteilen und mit Kräutersalz würzen.

2. Wasser und Salz in den Mixtopf geben und Gareinsatz mit Kartoffeln einsetzen. Mixtopfdeckel auflegen, Varoma aufsetzen und alles zusammen **22-24 Min./Varoma/Stufe 1** garen.

3. Nach Ende der Garzeit Varoma und Kartoffeln warm halten. Mixtopf leeren und Garflüssigkeit weggießen. Alle Zutaten für die jeweilige Soße in den Mixtopf geben und **6-7 Min./80°C/Stufe 4** erhitzen. Alles zusammen servieren.

VEGGIE

BUNTES
GEMÜSECURRY

ESSEN WIE BEIM ASIATEN

Damit es zuhause schmeckt wie beim Lieblingsasiaten, haben wir hier ordentlich Gewürze in die Soße gepackt.

LEICHT SCHARF!

Hier können Sie verschiedene Gemüsesorten verwenden. Auch Tofu, in Würfel geschnitten, eignet sich sehr gut.

Pro Portion: 718 kcal | 28 g KH | 45 g EW | 46 g Fett

ZUTATEN

340 g rote und gelbe Paprika
100 g Karotten
225 g Zuckerschoten
215 g Brokkoli
200 g Ananasstücke (frisch o. aus der Dose)
200 g Jasminreis
1 EL Gemüsebrühpulver
1.200 g Wasser, lauwarm (TM31: 1.000 g)

FÜR DIE SOSSE

50 g Zwiebel
1 Knoblauchzehe
1 kl. Stück Ingwer, geschält
20 g Öl
200 g Garflüssigkeit
200 g Sahne
¼ TL Kurkuma, gem.
¼ TL Cayennepfeffer, gem.
¼ TL Kreuzkümmel, gem.
¼ TL Koriander, gem.
½ TL Paprikapulver, rosenscharf
½ TL Zucker
½ TL Salz
1 Msp. Zimt,gem.
1 Msp. Anis, gem.
1 Msp. Muskat, gem.
1 TL Currypulver
1 TL Sojasauce
1 Spr. Zitronensaft
1 geh. EL Speisestärke

4 PORT.

25 MIN.

40 MIN.

1. Varoma befüllen: Paprika in Streifen und Karotten in Scheiben schneiden. Zuckerschoten halbieren und Brokkoli in kleine Röschen teilen. Gemüse unten in den Varoma geben. Ananasstücke auf dem Einlegeboden verteilen. Varoma verschließen und zur Seite stellen.

2. Gareinsatz in den Mixtopf einsetzen und Reis einwiegen. Gemüsebrühpulver darüber geben und mit Wasser übergießen. Mixtopfdeckel auflegen, Varoma aufsetzen und das Ganze nun **25 Min./Varoma/Stufe 1** garen.

3. Nach Garzeitende Gemüse und Reis warm halten. Mixtopf leeren, dabei 200 g Garflüssigkeit auffangen. Mixtopf trocknen.

4. Für die Soße Zwiebel, Knoblauch und Ingwer im Mixtopf **5 Sek./Stufe 5** zerkleinern. Öl zugeben und **3 Min./120°C/Stufe 1** dünsten. Restliche Zutaten für die Soße dazugeben und **5 Min./90°C/Stufe 3** erhitzen. Soße mit Gemüse vermengen und zusammen mit dem Reis servieren.

VEGGIE

KÄSE-RAVIOLI

„CAPRESE-STYLE"

SCHNELL MUSS ES SEIN!

Jetzt aber schnell. Diese Käse-Ravioli brauchen nur 20 Min. im Varoma. Danach wird noch zackig die Soße gemixt und schon kann gegessen werden!

Pro Portion: 546 kcal | 54 g KH | 23 g EW | 25 g Fett

4 PORT.

20 MIN.

30 MIN.

ZUTATEN

500 g	Ravioli, Tomate-Mozzarella- oder Käsefüllung (Kühltheke)
100 g	rote Paprika
100 g	gelbe Paprika
1	Knoblauchzehe
1	Zwiebel, halbiert
20 g	Olivenöl
200 g	Wasser, lauwarm
1 Dose	stückige Tomaten (400 g)
1 TL	Salz
½ TL	Pfeffer, frisch gem.
1 TL	ital. Kräuter, getr.
1 TL	Gemüsebrühpulver
1 TL	Paprikapulver, edelsüß
150 g	Mozzarellabällchen
100 g	Sahne
50 g	Tomatenmark
ein paar	frische Basilikumblätter

1. Ravioli im Varoma und auf dem Einlegeboden verteilen. Paprika in kleine Würfel schneiden und beiseitestellen.

2. Für die Soße Knoblauch, Zwiebel und 50 g der Paprikawürfel im Mixtopf **5 Sek./Stufe 5** zerkleinern und mit dem Spatel nach unten schieben. Öl zugeben und **2 Min./120°C/Stufe 1** dünsten.

3. Restliche Paprikawürfel, Wasser, stückige Tomaten und Gewürze in den Mixtopf zugeben. Varoma mit Ravioli aufsetzen und das Ganze **20 Min./Varoma/Stufe 1** garen.

4. Nach Garzeitende Varoma abnehmen. Mozzarellabällchen zusammen mit Sahne und Tomatenmark in den Mixtopf zugeben und **3 Min./100°C/⟲/Stufe 1** vermengen. Soße mit Ravioli vermengen und mit frisch gehacktem Basilikum servieren.

VEGGIE

WIRSINGGEMÜSE

MIT KÄSESOSSE

MIT KARTOFFELWÜRFEL

GESUND UND LECKER

Wirsing hat das ganze Jahr über Saison, enthält viele Vitamine und schmeckt zudem noch lecker!

Aber machen Sie sich keine Gedanken übers hübsch anrichten. Kartoffeln und Wirsing in eine große Auflaufform füllen und direkt auf den Tisch stellen. Da greift jeder gerne zu!

Pro Portion: 435 kcal | 37 g KH | 17 g EW | 22 g Fett

ZUTATEN

500 g	Suppengemüse
10 g	Öl
650 g	Wasser, lauwarm
1 TL	Salz
500 g	Kartoffeln
1	Wirsingkopf (ca. 650 g)

4
PORT.

25 MIN.

35 MIN.

FÜR DIE SOSSE

90 g	Emmentaler, klein gewürfelt
25 g	Butter
80 g	Sahne
30 g	Speisestärke
1 TL	Salz
½ TL	Pfeffer
¼ TL	Muskat, gem.

1. Suppengemüse putzen, im Mixtopf **5 Sek./Stufe 5** zerkleinern und mit dem Spatel nach unten schieben. Öl zugeben und **2 Min./120°C/Stufe 1** dünsten. Wasser und Salz zugeben.

2. Kartoffeln schälen, in mundgerechte Stücke schneiden und in den Gareinsatz geben. Wirsing in kleine Stücke schneiden und im Varoma und auf dem Einlegeboden verteilen. Gareinsatz einsetzen, Mixtopfdeckel auflegen, Varoma mit Wirsing aufsetzen und alles zusammen **25 Min./Varoma/Stufe 1** garen.

3. Nach Garzeitende Varoma abnehmen, Gareinsatz mit Kartoffeln herausnehmen und beides warm halten. Nun die Zutaten für die Soße zur Garflüssigkeit geben und **4 Min./100°C/Stufe 4** erhitzen.

4. Soße mit Wirsing mischen und mit den Kartoffeln servieren.

VEGGIE

HÜTTENPASTA

MIT CREMIGER BERGKÄSESOSSE

HÜTTENFEELING PUR

Dieses Gericht erinnert vielleicht an den letzten Skiurlaub in Österreich. Hier verschmilzt würziger Bergkäse mit Sahne und wird mit der Pasta zum deftigen Hüttenschmankerl.

Pro Portion: 754 kcal | 95 g KH | 28 g EW | 29 g Fett

ONE-POT-PASTA

4 PORT.

23 MIN.

ZUTATEN

140 g	Bergkäse, in Stücken
1	Zwiebel, halbiert
1	Knoblauchzehe
1 EL	Öl
1.000 g	Wasser, lauwarm
1 TL	Salz
¼ TL	Pfeffer
½ TL	Paprikapulver, edelsüß
1 TL	Gemüsebrühpulver
500 g	Penne Rigate (11 Min. Kochzeit, z.B. von Barilla)
100 g	Sahne
75 g	Sahneschmelzkäse

1. Bergkäse im Mixtopf **5 Sek/Stufe 8** zerkleinern. Umfüllen. Zwiebel und Knoblauch in den Mixtopf geben und **5 Sek./Stufe 5** zerkleinern. Alles mithilfe des Spatels nach unten schieben. Öl zugeben und **2 Min./120°C/Stufe 1** dünsten.

2. Wasser, Salz, Pfeffer, Paprikapulver und Gemüsebrühpulver zugeben und **7 Min./100°C/Stufe 1** aufkochen. Nudeln zugeben und **12 Min./100°C/ ↺ /Stufe 1** kochen.

3. Nach Garzeitende den geriebenen Käse, Sahne und Schmelzkäse zugeben und mit dem Spatel vermengen. Noch einmal **1 Min./90°C/ ↺ /Stufe 1** erhitzen und servieren.

VEGGIE

BUNTER

CHILITOPF

ZIEMLICH VOLL

Da der Mixtopf hier ziemlich voll ist, sollten Leute die noch mit dem TM31 kochen, die Mengen etwas reduzieren. z.B. nur eine kleine Dose Mais und je nur 1/2 Paprika.

VEGETARISCH

Pro Portion: 359 kcal | 39 g KH | 25 g EW | 8 g Fett

4
PORT.

25 MIN.

ZUTATEN

2 Knoblauchzehen
1 Zwiebel, halbiert
1 rote Paprika
1 grüne Paprika
1 EL Öl
700 g Wasser, lauwarm
1 EL Gemüsebrühpulver
100 g Sojagranulat
1 Dose stückige Tomaten (400 g)
1 TL Paprikapulver, edelsüß
1 TL Paprikapulver, rosenscharf
½ TL Kreuzkümmel, gem.
1 TL Salz
½ TL Pfeffer
½ TL Currypulver
½ TL Cayennepfeffer
2-3 Prisen Chiliflocken
1 EL Sojasauce
1 Dose Kidneybohnen (Abtr.gew. 255 g)
1 Dose Mais (Abtr.gew. 285 g)
100 g Tomatenmark

etwas Petersilie

1. Knoblauch und Zwiebel in den Mixtopf geben und **5 Sek./Stufe 5** zerkleinern. Paprika klein würfeln und zusammen mit dem Öl zugeben und **2 Min./120°C/Stufe 1** dünsten. Wasser, Gemüsebrühpulver und Sojagranulat zugeben und **7 Min./100°C/Stufe 1** aufkochen.

2. Stückige Tomaten, Gewürze und Sojasauce zugeben und **8 Min./100°C/Stufe 1** kochen. In der Zwischenzeit Bohnen und Mais abtropfen lassen und unter fließendem Wasser spülen.

3. Nach Garzeitende Bohnen und Mais mit in den Mixtopf geben, Tomatenmark zugeben und mit dem Spatel verrühren. Das Ganze noch einmal **5 Min./ ↺ /90°C/Stufe 1** erhitzen, dabei ab und an mit dem Spatel durch das Deckelloch mitrühren. Vor dem Servieren mit frisch gehackter Petersilie bestreuen.

TIPP

Dieses Gericht können Sie auch mit 500 g gemischten Hackfleisch anstatt Sojagranulat kochen! Hackfleisch vorher in der Pfanne anbraten und dann in Schritt 2 zugeben.

VEGGIE

GRIECHISCHES RISOTTO

MIT KRITHARAKI

RISOTTO NEU DEFINIERT

OK, von klassischem Risotto kann man hier nicht sprechen. Aber es sieht fast so aus. Nur besser! Wer auf seine Figur achten möchte, nimmt Feta light, z.B. den von Salakis. Mit nur 9% Fett ist dieser super cremig und schmeckt total toll. In der Packung sind nur 180 g. Aber das reicht!

AUCH LECKER ALS BEILAGE ZU KURZGEBRATENEM

Pro Portion: 806 kcal | 85 g KH | 41 g EW | 32 g Fett

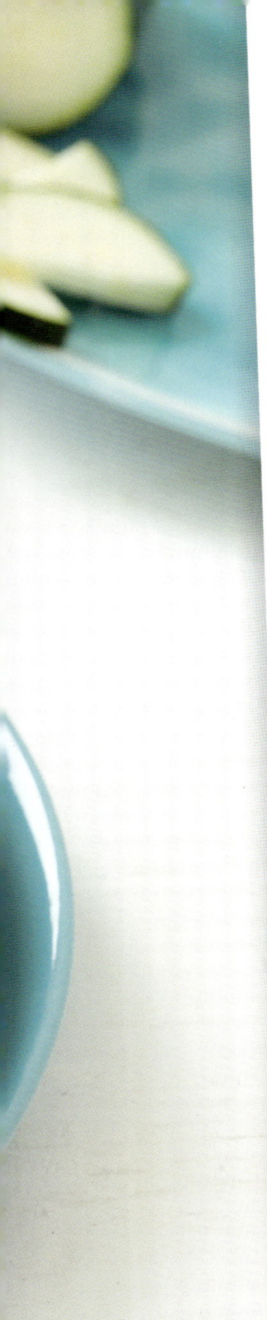

2 PORT.

25 MIN.

ZUTATEN

1	Zwiebel, halbiert
1	Knoblauchzehe
1 EL	Öl
125 g	Erbsen, TK
260 g	Zucchini, halbiert, in Scheiben
200 g	Wasser
500 g	passierte Tomaten
1 EL	8-Kräuter-Mischung, TK
1 TL	Salz
¼ TL	Pfeffer
1 TL	Thymian, gerebelt
1 TL	Majoran, gerebelt
1 TL	Gemüsebrühpulver
170 g	Kritharaki-Nudeln
200 g	Feta

1. Zwiebel und Knoblauch im Mixtopf **5 Sek./Stufe 5** zerkleinern und mit dem Spatel nach unten schieben. Öl zugeben und **2 Min./120°C/Stufe 1** dünsten.

2. Alle restlichen Zutaten (außer Kritharaki und Feta) zugeben und **6 Min./100°C/Stufe 1** aufkochen. Nun die Kritharakinudeln zugeben und **15 Min./100°C/↺/Stufe 0.5** garen.

3. Nach Garzeitende Feta mit den Händen zerbröseln und zugeben. Mit dem Spatel vermengen und servieren.

VEGGIE

KÄSESPÄTZLE

JÄGERART

ZUM VERLIEBEN

Sieht das nicht lecker aus? Das ist es auch. Hier werden Käsespätzle aus dem Varoma mit feinen Rahmchampignons serviert und wer auf Fleisch nich verzichten möchte, der kann sich noch eins braten.

Pro Portion: 592 kcal | 42 g KH | 27 g EW | 34 g Fett

ZUTATEN

240 g würziger Käse (z.B. Le Gruyère)
1 EL Röstzwiebeln
500 g Spätzle (Kühltheke)
200 g Champignons
500 g Wasser, lauwarm
1 EL Gemüsebrühpulver

FÜR DIE SOSSE

1 Zwiebel, halbiert
1 EL Öl
80 g Sahne
100 g Garflüssigkeit
100 g Milch, 1,5%
½ TL Pfeffer
1 EL Röstzwiebeln
1 EL Speisestärke
1 Handvoll Petersilie, gehackt

4 PORT.

20 MIN.

30 MIN.

1. Käse und Röstzwiebeln im Mixtopf **5 Sek./Stufe 8** zerkleinern. Umfüllen.

2. Im Wechsel Spätzle und Käse-Röstzwiebel-Mischung in den Varoma schichten und mit Käse abschließen. Champignons in Scheiben schneiden und in den Gareinsatz geben. Wasser und Gemüsebrühpulver in den Mixtopf geben und Gareinsatz einsetzen. Mixtopfdeckel auflegen, Varoma aufsetzen und **20 Min./Varoma/Stufe 1** garen. Nach Garzeitende Mixtopf leeren, dabei 100 g Garflüssigkeit auffangen. Varoma und Gareinsatz beiseitestellen und warm halten.

3. Für die Soße Zwiebel im Mixtopf **5 Sek./Stufe 5** zerkleinern. Öl zugeben und **3 Min./120°C/Stufe 1** dünsten. Restliche Zutaten zugeben und **3-4 Min./100°C/Stufe 3** erhitzen. Champignons mithilfe des Spatels unter die Soße rühren. Zusammen mit den Spätzle servieren und ggf. mit Röstzwiebeln und Petersilie bestreuen.

TIPP

Während die Soße kocht, können Sie den Varoma mit den Spätzle auf den Mixtopf aufstellen. Somit wird dieser nochmal etwas warm gehalten.

VEGGIE

VAROMA-ZUCCHINI

MIT GEMÜSE-FÜLLUNG

MIT MOZZARELLA!

JA DAS GIBTS!

Gefüllte Zucchini mit Käse überbacken
und das aus dem Varoma? Gibt´s das?
JA SEHR WOHL. Probieren Sie es aus.
Das Ganze wird natürlich wieder mit einer
megatollen Soße serviert. Sieht gut aus oder?

Pro Portion: 479 kcal | 57 g KH | 19 g EW | 19 g Fett

FÜR DIE ZUCCHINI

40 g	Parmesan
2	kl. Zucchini
½	Zwiebel
1	Knoblauchzehe
100 g	Frühlingszwiebeln
½	rote Paprika
100 g	Champignons
2 EL	Tomatenmark
1 TL	ital. Kräuter, getr.
½ TL	Salz
¼ TL	Pfeffer

FÜR DIE SOSSE

1	rote Zwiebel, halbiert
20 g	Butter
200 g	Garflüssigkeit
30 g	Paprikamark
1 EL	Speisestärke
150 g	saure Sahne
1 TL	Paprikapulver, edelsüß
1 TL	ital. Kräuter, getr.
1 Msp.	Chilipulver
1 Prise	Zucker
etwas	Salz & Pfeffer

4 PORT.

25 MIN.

35 MIN.

WEITERE ZUTATEN

125 g	Mozzarella
180-200 g	Langkornreis, parboiled
1 EL	Gemüsebrühpulver
1.200 g	Wasser, lauwarm (TM31: 1.000 g)

1. Zucchini der Länge nach halbieren und aushöhlen (180-200 g der Zucchinimasse beiseitestellen). Parmesan in den Mixtopf geben und **10 Sek./Stufe 8** reiben. Umfüllen.

2. Zucchinimasse, sowie die restlichen Zutaten für die Zucchini in den Mixtopf geben und **5 Sek./Stufe 5** zerkleinern. Mit dem Spatel nach unten schieben und noch einmal **2 Sek./Stufe 5** zerkleinern.

3. Die Zucchinihälften mit der Masse füllen und im Varoma und auf dem Einlegeboden verteilen (2 oben und 2 unten). Mozzarella in Scheiben schneiden und auf die gefüllten Zucchini legen. Gareinsatz in den Mixtopf einsetzen und Reis einwiegen. Gemüsebrühpulver darüber geben und mit Wasser übergießen. Mixtopfdeckel auflegen, Varoma aufsetzen und alles **25 Min./Varoma/Stufe 1** garen.

4. Nach Garzeitende Reis und Zucchini warm halten. Mixtopf leeren, dabei 200 g der Garflüssigkeit auffangen. Für die Soße Zwiebel im Mixtopf **5 Sek./Stufe 5** zerkleinern und mit dem Spatel nach unten schieben. Butter zugeben und **3 Min./100°C/Stufe 1** dünsten. Restliche Zutaten für die Soße zugeben und **5 Min./90°C/Stufe 3** kochen. Alles zusammen servieren.

VEGGIE

ZITRONENPASTA

MIT ERBSEN UND BOHNEN

NUDELN GEHEN IMMER

Nudeln haben das ganze Jahr Saison, Bohnen aber nicht immer. Nicht schlimm, man kann schon mal auf TK-Ware zurückgreifen oder im nächsten Sommer welche einfrieren.

Pro Portion: 590 kcal | 79 g KH | 16 g EW | 21 g Fett

ZUTATEN

200 g	Bohnen, TK o. frisch
50 g	Erbsen, TK
400 g	Tagliatelle (Kühltheke)
500 g	Wasser, lauwarm
1 TL	Gemüsebrühpulver

4
PORT.

20 MIN.

25 MIN.

FÜR DIE SOSSE

½	Zwiebel (40 g)
1	Knoblauchzehe
40 g	getrocknete Tomaten, in Öl eingelegt
150 g	Garflüssigkeit
200 g	Mascarpone
1 TL	ital. Kräuter, getr.
20 g	Zitronensaft, frisch gepresst
½ TL	Salz
¼ TL	Pfeffer

1. Varoma befüllen: Bohnen und Erbsen unten in den Varoma geben. Tagliatelle auf dem Einlegeboden verteilen. Wasser und Gemüsebrühpulver in den Mixtopf geben und Mixtopfdeckel auflegen. Varoma aufsetzen und das Ganze **18-20 Min./Varoma/Stufe 1** garen.

2. Nach Garzeitende Varoma abnehmen und zur Seite stellen. Mixtopf leeren, dabei 150 g der Garflüssigkeit für die Soße auffangen. Zwiebel, Knoblauch und getrocknete Tomaten in den Mixtopf geben und **3 Sek./Stufe 6** zerkleinern. Restliche Zutaten für die Soße zugeben und **2 Min./90°C/Stufe 2** erhitzen.

3. Nudeln, Bohnen und Erbsen zugeben und noch einmal **2 Min./90°C/ ↺ /Stufe 1.5** vermengen.

VEGGIE

MEDITERRANE KNÖDEL

MIT TOMATENGEMÜSE

WAS KOMMT DENN DA ZUM VORSCHEIN?

Was wohl?! Die köstliche Tomaten-Rucola-Füllung. Diese peppt den klassischen Kartoffelknödel ordentlich auf und mit viel Gemüse drumrum wird er zum Leckerbissen.

Pro Portion: 407 kcal | 61 g KH | 11 g EW | 12 g Fett

ZUTATEN

4 PORT.

22 MIN.

30 MIN.

30 g	Parmesan, in Stücken
2	Knoblauchzehen
1	Zwiebel, halbiert
50 g	getrocknete Tomaten, in Öl eingelegt
1 Handvoll Rucola	
1 P.	Knödelteig/Kartoffelteig (750 g)
220 g	Zucchini
1	gelbe Paprika (150 g)
1	rote Paprika (150 g)
1 Dose	stückige Tomaten (400 g)
250 g	Wasser, lauwarm
1 EL	Gemüsebrühpulver
120 g	Frischkäse
¼ TL	Pfeffer
2 TL	ital. Kräuter, getr.

1. Parmesan im Mixtopf **10 Sek./Stufe 10** reiben. Umfüllen. Knoblauch, Zwiebel, getrocknete Tomaten und Rucola in den Mixtopf geben und **5 Sek./Stufe 6** zerkleinern. Umfüllen.

2. Aus dem Knödelteig 12 kleine Knödel formen und mit der Tomaten-Rucola-Masse füllen. Knödel auf den Einlegeboden legen. Zucchini und Paprika in kleine Würfel schneiden und unten in den Varoma geben.

3. Stückige Tomaten, Wasser und Gemüsebrühpulver in den Mixtopf geben und Mixtopfdeckel auflegen. Varoma mit Gemüse und Knödel aufsetzen und das Ganze **22 Min./Varoma/Stufe 1** garen.

4. Nach Garzeitende Varoma beiseitestellen und warm halten. Parmesan, Frischkäse, Pfeffer und ital. Kräuter in den Mixtopf zugeben und **20 Sek./Stufe 8** pürieren. Alles zusammen servieren.

VEGGIE

SCHICHTKÄSE-RAUTEN

MIT HIMBEERSOSSE

BITTE NICHT STREITEN

Ja es schmeckt, wie es aussieht! Einfach umwerfend. In unserer Versuchsküche wurde gestritten, wer es aufessen darf. Also: Die Zutaten am besten immer auf Vorrat Zuhause haben.

Pro Portion: 484 kcal | 53 g KH | 20 g EW | 19 g Fett

ZUTATEN

50 g Dinkel
50 g Zucker
1 Ei
1 Eigelb
50 g weiche Butter, in Stücken
500 g Schichtkäse*
1 Bio-Zitrone, 1 EL Saft davon und etwas Schalenabrieb
1 Prise Zimt
1 P. Vanillezucker
80 g Weichweizengrieß

FÜR DIE SOSSE

300 g Himbeeren, frisch o. TK
1 EL Zitronensaft
1-2 EL Zucker

AUSSERDEM

500 g Wasser

4 PORT.

25 MIN.

30 MIN.

1. Dinkel in den Mixtopf geben und **40 Sek./Stufe 10** fein mahlen. Umfüllen.

2. Zucker im Mixtopf **30 Sek./Stufe 10** zu Puderzucker verarbeiten. **Rühraufsatz einsetzen**. Restliche Zutaten (außer Weichweizengrieß & Dinkelmehl) in den Mixtopf zugeben und **40 Sek./Stufe 3** gut verrühren. **Rühraufsatz entfernen**.

3. Weichweizengrieß und gemahlenes Dinkelmehl zugeben und **30 Sek./Stufe 4** mithilfe des Spatels unterrühren. In eine Schüssel füllen und Mixtopf spülen.

4. Für die Soße alle Zutaten in den Mixtopf geben und **35 Sek./Stufe 4** zerkleinern. Umfüllen und Mixtopf spülen.

5. Einlegeboden mit Backpapier auslegen. Die Grießmasse darauf geben und glatt streichen, Varoma verschließen. Wasser in den Mixtopf füllen. Mixtopfdeckel auflegen, Varoma aufsetzen und **25 Min./Varoma/Stufe 2** garen. Nach Ende der Garzeit die Grießmasse in Rauten schneiden und mit der Himbeersoße auf Desserttellern anrichten.

*Sollten Sie keinen Schichtkäse bekommen, können Sie auch abgetropften Magerquark oder Doppelrahmfrischkäse verwenden.

VEGGIE

MOHN-SCHUPFNUDELN

MIT PFIRSICH-APFEL-KOMPOTT

APFEL ODER KIRSCH?

Sie haben die Qual der Wahl. Das Rezept können Sie entweder mit Pfirsich-Apfel-Kompott oder mit Kirschgrütze servieren. Aber eins ist sicher: Beides schmeckt sagenhaft!

MIT PUDERZUCKER BESTÄUBEN!

Pro Portion: 502 kcal | 84 g KH | 9 g EW | 13 g Fett

ZUTATEN

1 EL	Zucker (15 g)
2 EL	Mohn
50 g	Butter
500 g	Schupfnudeln (Kühltheke)
2	Äpfel
400 g	Wasser
1 Dose	Pfirsiche, natursüß (410 g)
1 EL	Zitronensaft, frisch gepresst

4 PORT.

18 MIN.

25 MIN.

1. Zucker und Mohn in den Mixtopf geben und **10 Sek./Stufe 10** mahlen. Butter zugeben und **3 Min./Varoma/Stufe 1** schmelzen. In eine größere Schüssel umfüllen.

2. Schupfnudeln in den Varoma geben und verschließen. Äpfel vierteln, schälen und entkernen. Zusammen mit dem Wasser in den Mixtopf geben. Nun den kompletten Inhalt der Dose (Pfirsiche & Saft) zugeben. Mixtopfdeckel auflegen, Varoma aufsetzen und alles zusammen **18 Min./ ⟲ /Varoma/Stufe 1** kochen.

3. Nach Garzeitende Schupfnudeln zum Mohn-Butter-Gemisch in die Schüssel geben und vermengen. Früchte aus dem Mixtopf absieben, wieder zurück in den Mixtopf geben. Zitronensaft zugeben und **20 Sek./Stufe 8** pürieren. Alles zusammen servieren.

VARIANTE MIT KIRSCHGRÜTZE

Geben Sie ein Glas Sauerkirschen (Flüssigkeit und Frucht) in den Mixtopf. Oben in den Varoma kommen die Schupfnudeln. Nach Garzeitende geben Sie 1 EL Vanillepuddingpulver mit 3 EL Milch in einer Tasse klumpenfrei angerührt zu den Kirschen. Noch einmal **1 Min./90°C/Stufe 1** aufkochen und warm zu den Schupfnudeln mit Mohn servieren.

VEGGIE

GRIESSKNÖDEL

MIT BEEREN-RAGOUT

OH WIE SÜß!

Damit meinen wir nicht, dass die Grießknödel zu süß sind, sondern dass sie so süß aussehen, dass man sie am liebsten sofort alle aufessen will. Achtung: SUCHTFAKTOR!

LECKER FRUCHTIG!

Pro Portion: 665 kcal | 87 g KH | 28 g EW | 21 g Fett

FÜR DEN TEIG

4	Toastscheiben
500 g	Magerquark
40 g	Butter, weich
2	Eier
50 g	Zucker
1 Prise	Salz
150 g	Hartweizengrieß

FÜR DAS RAGOUT

300 g	TK-Beerenmischung
50 g	Wasser
30 g	Zucker
1 P.	Vanillezucker

WEITERE ZUTATEN

70 g	Amarettinis
½ TL	Zimt
30 g	Butter
125 g	frische Himbeeren
600 g	Wasser, lauwarm

4 PORT.

16 MIN.

35 MIN.

1. Toastscheiben entrinden, vierteln und im Mixtopf **10 Sek./Stufe 10** mahlen. Restliche Teigzutaten zugeben und **1 Min./Teigstufe** vermengen. Masse umfüllen und 1 Std. in den Kühlschrank stellen. Mixtopf spülen.

2. Amarettini und Zimt im Mixtopf **5 Sek./Stufe 6** mahlen. Umfüllen. 30 g Butter im Mixtopf **2 Min./50°C/Stufe 1** schmelzen. Mit den Bröseln vermengen und auf einen tiefen Teller geben.

3. Aus dem Teig mit befeuchteten Händen kleine Knödel formen, dabei je 1 Himbeere eindrücken. Auf eine mit Grieß ausgestreute Platte legen. Hände immer wieder neu befeuchten. Knödel im Varoma und auf dem Einlegeboden verteilen. 600 g Wasser in den Mixtopf füllen, Mixtopfdeckel auflegen, Varoma aufsetzen und **16 Min./Varoma/Stufe 1** garen.

4. Nach Garzeitende Knödel warm halten. Mixtopf leeren. Zutaten für das Beeren-Ragout im Mixtopf **6 Min./100°C/Stufe 2** erhitzen. Restliche Himbeeren unterheben. Nun die Knödel in den Amarettini-Bröseln wälzen und alles zusammen servieren.

VEGGIE

REZEPTINFOS

Soweit nichts anderes angegeben ist, muss der Mixtopf zwischen den Arbeitsgängen NICHT gespült werden.

Die Zutaten werden immer geschält, geputzt, entkernt etc. verwendet. Zum Beispiel: Knoblauchzehen vorher schälen, Tomaten vorher entstielen, Himbeeren vorher waschen usw.

18 MIN. = Reine Garzeit im Varoma

25 MIN. = Gesamtzeit Rezept

ABKÜRZUNGEN

Bd.	= Bund		= Linkslauf
EL	= Esslöffel		= Linkslauf herausnehmen
g	= Gramm	Msp.	= Messerspitze
geh.	= gehäuft	Min.	= Minuten
gem.	= gemahlen	P.	= Päckchen
gestr.	= gestrichen	Sek.	= Sekunden
getr.	= getrocknet	Spr.	= Spritzer
gr.	= groß	St.	= Stück
kg	= Kilogramm	TL	= Teelöffel
kl.	= klein	TK	= tiefgekühlt

IMPRESSUM

© C. T. Wild Verlag & Handel GmbH
Saueracker 7, D-93309 Kelheim
Tel. 09441 703772-0
Email: info@mixgenuss.de
www.mixgenuss.de

3. Auflage - August 2017
ISBN-Nr.: 978-3-96181-005-5

Autorin: Corinna Wild
Gestaltung & Layout: Eva Gruber

Rezeptfotos: © Corinna Wild
Fotos von fotolia.com: © emuck, © goldnetz, © Hein Nouwens

Druck & Bindung:
bonitasprint GmbH, 92224 Amberg

klimaneutral
natureOffice.com | DE-204-382304
gedruckt